新潮新書

スージー鈴木
SUZIE Suzuki

桑田佳祐論

954

新潮社

どんな理由があろうとな、
歌ったらあかん歌なんかあるわけないんだ!
——映画『パッチギ!』より

はじめに——こんなもん、ただの歌詞じゃないよ

白状すれば、桑田佳祐の歌詞など、まともに読んじゃいなかった。

音楽家によって、その魅力における歌詞のウエイトは異なると思う。松任谷由実、佐野元春、浜田省吾、忌野清志郎あたりのファンは、その歌詞を比較的しっかりと認識して、愛でているような気がする。

逆に、桑田佳祐、山下達郎、矢沢永吉らのファンは、一概には言えないだろうが、先の松任谷由実らに比べて、歌詞単体で愛でるというよりは、歌詞をワン・オブ・ゼムとしたサウンド全体に魅せられた人が多いのではないか。

特にサザンオールスターズ／桑田佳祐においては、そうだろう。歌詞そのものがどうこうというより、日本語の歌詞を、どうビートに乗せるか、絡ませるかという方法論の開発が、桑田の最大の功績なのだから。極論すれば、歌詞だけ取り出して云々してもしようがないだろうと、私はずっと思っていた。

そう、思っていた――この本の前編とも言える、２０１７年刊行『サザンオールスターズ　1978-1985』（新潮新書）を書いたときですら、そう思っていた。

とはいえ、サザン／桑田佳祐の作品を、何度も聴いたり、たまにはカラオケで歌ったりすると、40歳を超えたあたりから、歌詞カードや、カラオケの画面に出てくる文字列が、心にブスッと刺さることが多くなってきたのだ。

「たまにゃ Makin' love　そうでなきゃ Hand job」――エロい！
「もう逢えないのだろう　My friends」――切ない！
「スーパー・スターになれたのは　世渡り上手と金まかせ」――鋭い！
「20世紀で懲りたはずでしょう?」――深い！

そして一周回って、この文字列の凄みに気付く――「胸さわぎの腰つき」！

まず驚くのは、桑田佳祐による歌詞が表す世界の広さだ。ラブソング、エロソング、コミックソング、ナンセンスソング、そしてメッセージソングと、守備範囲がべらぼうに広い。野球のフェアゾーンをたった１人で守っている感じがする。

逆に言えば、桑田佳祐以外の音楽家の書く歌詞世界、特に、多くの若い音楽家のそれが、未だに狭っ苦しいことに驚く。ラブソング、それも手垢にまみれた単語の順列組み合わせだけで作られた、狭い視野の歌詞。走らず・動かずに捕れる球しか捕らないベテラン一塁手みたいな。

次に驚くのは深さだ。言い換えれば、広い広い歌詞世界を下支えする根本思想。私はそれを、「ロック音楽は、何を歌ってもいいんだ」という、長い音楽家人生で、桑田佳祐が決して手放すことのなかったドグマだと捉える。

さらに言えば、日本国憲法の根幹の1つである「表現の自由」、ひいては「戦後民主主義」を、もっとも謳歌し、満喫した日本人としての深みが、桑田佳祐の歌詞にはある。

「『たまにゃMakin' love　そうでなきゃHand job』みたいなふざけた歌詞が、戦後民主主義かよ？」

「違《ちげ》えよ、『たまにゃMakin' love　そうでなきゃHand job』みたいな自由な歌詞こそが、戦後民主主義なんだよ！」

サザンが国民的存在＝「メガ・サザン」となって、低く見積もられがちとなった初期の巨大な功績を追ったのが『サザンオールスターズ　1978-1985』であれば、同様に「メガ・サザン」となるに連れて、いよいよ見えにくくなってきた桑田佳祐の歌詞の深みを掘り起こす目的で書かれたのが、本書である。

この「はじめに」のタイトルは、サザン／桑田佳祐の歌詞をまとめた書籍シリーズ＝『ただの歌詩じゃねえか、こんなもん』（新潮社）へのオマージュだ。自虐的な原タイトルに対して、野暮なことこの上ないが、決して「ただの歌詞」じゃないのだ。

なお、これを書いている時点では（22年5月）、本書で取り上げた全曲がストリーミング・サービスで聴ける。また歌詞の掲載は見合わせたが、よくしたもので、ほとんどがサザンの公式サイト（https://southernallstars.jp/）に、丁寧なクレジットとともに掲載されている。参考にされたい。

桑田佳祐論　目次

第二章　米国《アメリカ》は僕のヒーロー（1986〜2010）　93

第三章　20世紀で懲りたはずでしょう？（２０１１〜２０２２）　179

終　章　桑田佳祐と戦後民主主義（１９４５〜２０２２）　261

第一章　胸さわぎの腰つき（1978〜1985）

1．サザンオールスターズ《勝手にシンドバッド》

作詞：桑田佳祐、作曲：桑田佳祐、編曲：斉藤ノブ＆サザンオールスターズ
シングル、1978年6月25日

「砂まじりの茅ヶ崎」

「そのとき歴史が動いた」という言い方は、今や、ありとあらゆる歴史本における常套句となっているが、少なくとも日本ロック史において、この《勝手にシンドバッド》という曲が、歴史をググッと動かしたということに、異論を挟む向きは少ないだろう。日本ロック史の転換点。《勝手にシンドバッド》以前／以後——。

そんな《勝手にシンドバッド》の歌い出し、つまり革命へのはじめの一歩が、この「砂まじりの茅ヶ崎」という8文字、「すなまじりのちがさき」と音にして10文字なので

ある。

あえて音にしたのは、1番の終わりが「胸さわぎの腰つき」（むなさわぎのこしつき）と、こちらも10文字で締められていて、さらに「すなまじりのちがさき」「むなさわぎのこしつき」と音韻的にもかなり近似しているからである。「歌詞よりもリズムやメロディ優先で作っている」と思われがちな桑田佳祐だが、このデビュー曲の歌詞については、かなり周到に仕組まれていることが分かる。

ここで注目したいのは、「茅ヶ崎」という具体的な地名の導入について。というのは、今でこそ茅ヶ崎は「湘南」エリアを代表する地名だが、1978年当時はそれほどメジャーな地名ではなかった。いくら自身の生まれ故郷とはいえ、デビュー曲の歌い出しに「茅ヶ崎」は、さすがに唐突だと思うのだ。

先んじて、荒井由実のアルバム『14番目の月』（76年）収録の《天気雨》に「茅ヶ崎」という文字列が出てくるが、「ゴッデス」というサーフショップの名前と併せて使われていて、サーファー文化という、当時としてはまだ先端的な事象の一環として取り扱われていることが分かる。それどころか《COBALT HOUR》（75年）で「SHONAN-BOY」（湘南ボーイ）という言葉を使ったことについて、「そのころ、『湘南』って言葉、まだ誰も使っていなかったのよ」（松任谷由実『ルージュの伝言』角川書店）と、「湘南」さえメジャーではなかったことを告白している。

そう考えると、桑田佳祐がデビュー曲の冒頭で「茅ヶ崎」という言葉をあえて使ったのは、ある確固たる意志と計算があったということになる。ましてや《勝手にシンドバッド》を収録したデビューアルバム『熱い胸さわぎ』には、《茅ヶ崎に背を向けて》という曲まで入っているのだから尚更だ。

一体、どのような考えで、歌詞の冒頭に「茅ヶ崎」を入れたのだろう。私の仮説は「ローカリズム」と「アンチ・モダニズム」である。

まずは「ローカリズム」。まだ、それほどメジャーではない生まれ故郷＝茅ヶ崎を前面に出して勝負するという意志。言い換えれば、関西や広島、福岡など、西日本から出て来て一旗揚げた音楽家が、一様に「東京人」のフリをする中、自分は茅ヶ崎の出であることを前面に出して差別化するぞという意志の表れと考えるのだ。

続く「アンチ・モダニズム」については、この曲の生成過程をたどりながら、説明したい。

《勝手にシンドバッド》は当初、発表音源よりも遅いテンポだったという（それを、アレンジに加わった斉藤ノブ〔現・斉藤ノヴ〕が速いテンポに変えたとされている）。また当の桑田佳祐はこの曲を、ザ・ピーナッツ《恋のバカンス》（63年）のつもりで作ったと発言している。

そこで、《恋のバカンス》的なテンポと世界観の中で「♪砂まじりの茅ヶ崎」と歌ってみてほしい。ある世代以上には、しっくりと来る感じがするのではないだろうか。

つまり、「砂まじりの茅ヶ崎」は、レトロとしての「茅ヶ崎」だったということである。78年の茅ヶ崎ではなく、60年代の茅ヶ崎。70年代サーファー文化の前、茅ヶ崎が東京の衛星都市になるよりも前。桑田少年が見つめていた、素朴で猥雑な海っぺりの一地方都市としての茅ヶ崎――。

言い換えると、より前へ前へ、より新しく新しくと、洋楽を教科書とした「モダニズム」一方向で進化してきた日本ロックの転換点は、そのアンチとして、レトロをも呑み込んだかたちでやってきたということになる。

当時の音楽シーンに抗《あらが》うように、「ローカリズム茅ヶ崎」「アンチ・モダニズム茅ヶ崎」を背負って桑田佳祐が登場。それは、まさに革命のはじめの一歩にふさわしかった。

しかし、テンポを速めることでローカル感とレトロ感は失われ、また、雑誌『ＰＯＰ

EYE』（76年創刊）を起点とした、折からのサーファーブームの影響もあり、その「茅ヶ崎」は、皮肉にも真正面から受け止められた。そして桑田佳祐は、その後の「湘南」ブームの立役者と位置付けられてしまうのだが。

桑田佳祐の姉・岩本えり子の著書『エリー©――茅ヶ崎の海が好き。』（講談社）には、2005年に桑田佳祐が、茅ヶ崎のことを詠んだ短歌が載せられている。この歌、特に「殺風景」というフレーズを読む限り、「砂まじりの茅ヶ崎」が「ローカリズム茅ヶ崎」「アンチ・モダニズム茅ヶ崎」だったと確信するのだ。

茅ヶ崎を　小粋に魅せし　殺風景
海辺《うみ》であったり　街並《まち》であったり

「胸さわぎの腰つき」

しかし、そんな「砂まじりの茅ヶ崎」よりも決定的なフレーズは、「砂まじりの茅ヶ崎」と対を成しながら、1番の最後にドシっと構える「胸さわぎの腰つき」である。

デビューアルバムのタイトルも『熱い胸さわぎ』となっているように、「胸さわぎ」

（細かい話だが「胸騒ぎ」ではなく「胸さわぎ」）という言葉は、サザンデビュー時の1つのアイコンとなっていたと記憶する。

決定的だった理由として、この言葉の意味不明さがある（そもそもタイトル「勝手にシンドバッド」自体も意味不明だが）。言い換えれば、「意味から自由奔放」。桑田佳祐の言葉がもたらした、最も大きな功績はここにある。

サザン以前の歌謡界やフォーク界では、抽象的な物言いとなるが「意味が音を支配している」感じを受ける。対して洋楽では「意味と音が拮抗している」。具体的に言えば、意味だけではなく、リズム感や韻も重視しながら、言葉を並べていくような感覚が、洋楽の歌詞にはある。

それを日本語でも実現できないか、意味性が多少損なわれた、音と拮抗するような歌詞でもいいじゃないか、というのが若き桑田佳祐の主張だったと思うのだ。言わば「歌詞」「作曲」「編曲」の三権分立宣言。

ただ、それにしても「胸さわぎの腰つき」はラディカルである。どんな腰つきなのか、まったく意味が分からない。さすがに当時のスタッフたちも、この言葉は行き過ぎと考えたらしく「胸さわぎのアカツキ」「胸さわぎのムラサキ」という代案を出したらしい

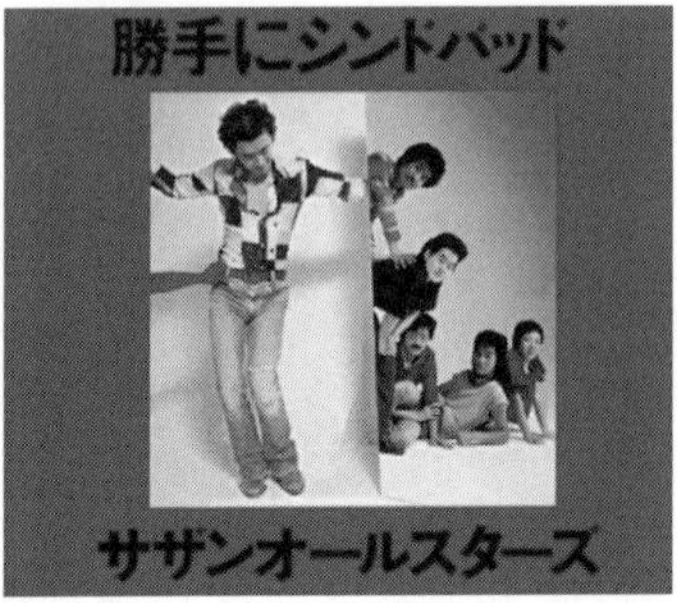

が、おかしいのは、それらの代案のほうが、より「意味から自由奔放」なところ。

なお、《勝手にシンドバッド》のシングルジャケットは、左側で踊っている（ような）桑田佳祐の腰のベルトを、赤い手のようなものが摑んでいるデザインになっているのだが、あれは、「これこそが『胸さわぎの腰つき』だ」と指し示しているようにも見える。

意味が不明な分、音韻的には、先に述べたように「砂まじりの茅ヶ崎」とぴったりと呼応している。この2つのフレーズの母音の並びを比較する。

・砂まじりの茅ヶ崎／すなまじり・の・ちがさき＝ウアアイイ・オ・イアアイ
・胸さわぎの腰つき／むなさわぎ・の・こしつき＝ウアアアイ・オ・オイウイ

先頭の「ウアア」（すなま＝むなさ）、先頭の単語の5文字目の「イ」（すなまじ『り』

＝むなさわ『ぎ』)、5文字の単語と4文字の単語を結ぶのが「オ（の）」、お尻の4文字単語の最後が「イ（き）」（ちがさ『き』＝こしつ『き』）と、見事に揃っている。

さらには意味として、「砂まじりの茅ヶ崎」という地名の入った具体性と「胸さわぎの腰つき」というまるっきりの抽象性の対比で、歌詞の世界が一気に広がっていく。この2つのフレーズの組み合わせは、ちょっとした奇跡のようにも感じる。

「江ノ島が見えてきた」

以上見てきた「砂まじりの茅ヶ崎」と「胸さわぎの腰つき」のサンドイッチ構造は、掛け値なく《勝手にシンドバッド》の革新性を体現している。ただし、これだけだと革新性が前面に出すぎて、あれほどのヒット（50万枚）にはつながらなかったのではないか。

もし、歌詞のフレーズごとの売上貢献枚数が計算できるとして、50万枚のうち20万枚が「砂まじりの茅ヶ崎」と「胸さわぎの腰つき」の革新性によるものだとしたら、それに20万枚を上乗せしたのは「江ノ島が見えてきた」だと考える（あとの10万枚は「今何時？」)。

「江ノ島が見えてきた」は、この、一見珍奇な曲に大衆性を与えている。江ノ島という（「茅ヶ崎」よりも有名な）誰もが知る観光地・景勝地の風景を差し込むことによって、大衆の心をがっちりと摑む働きをしている。

シチュエーションは土曜深夜の国道134号線、茅ヶ崎の実家に向けて、鎌倉方面から江ノ島方面に車を走らせているところ。桑田佳祐監督映画『稲村ジェーン』（90年）の舞台となった稲村ヶ崎あたりからは、江ノ島が小さいながらもはっきりと視認できる。

歌詞の面で大衆を摑んだのが「江ノ島が見えてきた」であれば、楽曲《勝手にシンドバッド》が大衆を摑んだのは、78年8月31日の夜。TBS『ザ・ベストテン』の「今週のスポットライト」という、今後有望な曲を紹介するコーナーだ。ライブハウス・新宿ロフトからの生中継で、サザンオールスターズの6人が、《勝手にシンドバッド》を猛烈な熱量で演奏した。

その演奏において、「江ノ島が見えてきた」というフレーズは、レコードよりも早いタイミングであらわれる。本来なら2番の途中に置かれているのだが、このときは、1番の「♪ちょいと瞳の中に消えたほどに」の後に直結させられていた。2コーラスを歌う余裕のないテレビ用の短い時間の中でも、この必殺フレーズは欠かせないという判断があったのだろう。

また、細かい話となるが、「♪江ノ島が見えてきた」の部分のみ、メロディが1番と異なっている。「♪見えーてきたー」が「♪ラシーラソファー」（キーはEm）と音程高く推移して強調される。「♪見えーて」の「♪えー」がナインス（9th）の音となっていて、寂寥感たっぷりに響き渡る。

このときの《勝手にシンドバッド》は、その後、途方もなく繰り返されるこの曲の演奏の中でも、最高にして唯一のものだろう。そして、この中継を契機に《勝手にシンドバッド》がぐんぐんとチャートを駆け上がってくる。

78年8月31日夜。演奏が終わった瞬間、日本ロックが一段上の地平に跳ね上がった。見えてきたものは江ノ島と、新しい日本ロックのありようだ。

2. サザンオールスターズ《女呼んでブギ》

作詞：桑田佳祐、作曲：桑田佳祐、編曲：サザンオールスターズ、管編曲：Horn Spectrum
アルバム『熱い胸さわぎ』収録、1978年8月25日

「女呼んで　もんで　抱いて　いい気持ち」

「♪女呼んで　もんで　抱いて　いい気持ち」——ある意味、サザン史上最強フレーズの1つと言えよう。

このフレーズのインパクトは、当時とても大きかった。デビューアルバム『熱い胸さわぎ』発売から2年ほど経ち、当時中2だった私は、カセットテープに収められた『熱い胸さわぎ』を友達の家で聴くのだが、この曲に差し掛かって、妙に気恥ずかしくなる。《勝手にシンドバッド》《別れ話は最後に》という、A面の冒頭を飾るツートップから

は決して漂うことのないヤバくて淫靡な空気を、B面2曲目の《女呼んでブギ》が部屋に充満させる。友達の母親が部屋に入ってくると、慌てて再生ボタンを止めて、漂った空気を入れ替える。

とはいえ、今あらためてこの曲を聴くと、歌詞よりもまず、曲全体を支配するタイトなグルーヴに驚く。松田弘が叩く、ドッド・タッタ・ドッド・タッタというシャッフルのリズムが、実に気持ちいいのだ（加えて、ドラムスのミキシングも素晴らしい）。

感じるのは「1978年の洋楽大好き学生」のノリである。「ドッド・タッタというグルーヴに乗って、バンド全員一丸となって演奏していることが、楽しくって仕方ない！」というピュアなエモーション。

しかし、単なる趣味的なノリを超えて、この曲をれっきとした「商品」たらしめているのが、「♪女呼んで　もんで　抱いて　いい気持ち」という、シャッフルのリズムにペタっと貼り付く文字列だ。ここでは、エロティックな意味の側面ではなく、この文字列自体が醸し出すリズム感に注目してほしい。

――「おんな」「よんで」「もんで」「だいて」

この3文字の組み合わせは、すべて同一のリズムを発している。そして、この3文字が醸し出すリズムは、「ドッド・タッタ」というシャッフルのリズムと見事に同期している。

厳密に言えば、「おんな」「よんで」「もんで」は、2文字目がすべて「ん」なのに対して、「だいて」だけは「ん」ではなく「い」なのだが、発音的には前の3つと近しい母音なので、シャッフルのリズムへの同期を妨げるものではない。

そして、女性関係の順序論で言えば、「呼んで」→「もんで」→「抱いて」じゃなきゃダメだろう（わざわざ説明するまでもないが、呼んでからもむ、もんでから抱く）。つまり、リズム的にも意味的にも、十分に完成された文字列になっていて、その完成度が、この曲を「商品」に仕立て上げるのだ。

77年の8月、中野サンプラザで行われたヤマハ系のコンテスト＝「EastWest」の決勝大会で、アマチュア時代のサザンオールスターズがこの曲を歌う。「1978年の洋楽大好き学生」のノリが横溢した演奏の中で、桑田佳祐の発する「♪女呼んで　もんで抱いて　いい気持ち」という文字列が、「商品」のニオイ、つまりは「ブレイク」のニオイを漂わせたことだろう。

この日の観客の中に、サザンをブレイクさせたディレクターとして知られる、ビクター音楽産業の高垣健がいたという。桑田佳祐のボーカルから飛んで来た「ブレイク」のニオイが、高垣の鼻の頭をツンと刺激したはずだ。


「あんたもてるね　気になる男よ」


「♪女呼んで　もんで　抱いて　いい気持ち」がリズム隊と一丸となって攻めてくるインパクトが当時、大阪の街外れに住む中2の生活にまで着弾した話を書いたが、1番に入ると、ややそのインパクトが薄まるというか、聴き手のゲスな関心がかわされる感じがするのだ。

最初のフレーズは「♪あんたに声かけられりゃ　女は迷う」。ここで聴き手は気付く――「あ、女を呼んで、もんで、抱くのは、お前（＝桑田佳祐）ではなく、別の男なのか！」と。

この別の男は、かなり強烈なモテ男である。声をかけるだけで女は迷い始め、その上「♪それがうそだとて　女はチョイトだめなんて言わねえさ」と、見え透いた嘘のナンパでも、女はダメとは言わず、ホイホイと付いてくるのだから。

余談だが、「♪うそだとて」という妙に古めかしい表現が、メロディとリズムにピッタリとハマっているのが面白い。後述する「方言や古語の多用」という「桑田唯一無二の方法論」の最初期の例となる。また「チョイト」も同様で、《C調言葉に御用心》（「♪あ　ちょいと　C調言葉にだまされ」）に先駆けて使われている。

そして続くのが「♪あんたもてるね　気になる男よ」で、モテ男が自分ではないことが、いよいよ強調されるのだが、ここで言いたいのは、もし、このモテ男が自分自身（＝つまり桑田佳祐自身）という設定だったら、どういう印象になったかということだ。おそらく、ここまで愛される曲にはならなかったのではないか。

逆に《女呼んでブギ》は、最初こそ威勢よく「♪女呼んで　もんで　抱いて　いい気持ち」と歌いながら、それは妄想であって、自分ではない「女を呼んで、もんで、抱く」第三者のことを羨んでいる歌なのだ。つまり最終的には、モテない男のペーソスがテーマになる。

ゲスなつかみがあって、聴き手をハッとさせながら、ゲスな関心はいつのまにかかわされ、むしろモテない「自分」（＝桑田佳祐）へのシンパシーが高まるという構造。どこまで戦略的に仕組まれて作られたかは別として、これはなかなかに計算高い構造だと思う。

よく考えたら、サザン自体にも、このような二段階構造がある。ゲスでエロでパンクな見え方がまずあって、でも、臆せずその世界に入ってみると、ペーソスやセンチメンタリズムが溢れていて、聴き手の強いシンパシーを誘発する。この二段階構造、このツン・デレで、サザンは大きな市場を獲得したと言えるだろう。

《女呼んでブギ》の計算高い歌詞を見て・聴いて・歌いながら、二段階構造の沼にハマり、多くのリスナーがサザンファンとなっていった。そして、サザンファンが増えていくさまを見ながら、私は桑田佳祐にこうつぶやく――「あんたもてるね　気になる男よ」。

「はやく来いよ　おーん　おっぱい　はっはっ」

この「はやく来いよ　おーん　おっぱい　はっはっ」というフレーズは、歌詞カードには載っていない。そして、桑田佳祐が、実際にこの文字列を発したかどうかも、定かではない。

曲のエンディングのところで、桑田佳祐が、何か悶えているような口ぶりで、謎の音を放っていて、その謎の音が「はやく来いよ　おーん　おっぱい　はっはっ」と聴こえるという話なのだ。

これを発見したのは、私の友人である。大学時代、その友人の家で《女呼んでブギ》を聴いていて、その友人が「ここの部分の桑田って、『はやく来いよ』とか『おっぱい』とか、エロい言葉を言ってねえか?」と指摘したのだ。

当時すでに《Big Star Blues（ビッグスターの悲劇）》や《来いなジャマイカ》などに組み込まれた、極めて怪しい一節に気付いていた私は、即座に友人の問いを肯定したのだが、それはともかくとして。

この「はやく来いよ」「おっぱい」に加えて、「♪いつまでもそれじゃだめよ」と「♪Yeah! Baby」の間の、そもそも何語かすらわからない謎のシャウトも含めて、78年にして、桑田佳祐青年の身体の中で、洋楽ロックが血肉化していることに驚く。

ここでいう「洋楽ロック」とは、音楽的な意味を超えて、「日本語以外の言語体系で、エロも含めた、深くて熱いエモーションを歌い叫ぶ」という意味合いで使っているのだが、つまり、あの謎のシャウトや「はやく来いよ」「おっぱい」を、シャッフルビートに乗せて、口から放つことができるほど、洋楽ロックが血肉化していたボーカリストは、当時の日本に何人もいなかったということを指摘したいのだ。

そういえば、『熱い胸さわぎ』のA面最後を飾る《茅ヶ崎に背を向けて》のエンディングでも、桑田佳祐は「チキショー　チェッチェッチェッ」とシャウトしているように聴こえる。「洋楽ロック」が身体と魂に棲《す》み着いていて、その結果、深くて熱いエモーションが、口からそのまま放たれている感じがする。

このあたり、はっぴいえんど〜ティン・パン・アレー系人脈の作品には、あまり感じない部分である。様々な音源や情報に接して、「洋楽ロック」を理知的に学習してきた彼らに対して、桑田佳祐や矢沢永吉の作品には、「洋楽ロック」を「感覚的」に「体得」した育ちを感じる。

急いで補足すれば、サザン／桑田佳祐の作品に、「洋楽ロック」を理知的に学習した側面がないわけではない。むしろ、桑田佳祐という人は、日本の音楽シーンの中で、屈指の洋楽勉強家だと思う。ただ、そういう「理知」の側面と、「感覚」「体得」「血肉化」という側面を併せ持つところが、凄いのである。古臭い言い回しを怖れず言えば、78年の桑田佳祐は、はっぴいえんどと矢沢永吉をアウフヘーベンした地平に、すでに立っていたのだ。

と、古臭く小難しい言い回しを使っても、その結果は「はやく来いよ」「おっぱい」なのが困ったところなのだが、しかし、この「はやく来いよ」「おっぱい」の先に、はっぴいえんどや矢沢永吉がたどり着けなかった、広大で肥沃な地平が広がっていくのである。

桑田佳祐が起こした日本語ロックの革命を、フランス革命に例えるとしたら――。

ルイ16世「女呼んでもんで抱いてとか、おっぱいとか、これは暴動か?」

リアンクール公「いいえ陛下、暴動ではございません。革命でございます」

3．サザンオールスターズ《いとしのエリー》

作詞：桑田佳祐、作曲：桑田佳祐、編曲：サザンオールスターズ、管・弦編曲：新田一郎
シングル、1979年3月25日

「エリー my love so sweet」

前年のデビュー曲《勝手にシンドバッド》と、続くシングル《気分しだいで責めないで》のインパクトが強すぎて、コミックバンド的に捉えられがちだった（そして、その傾向をメンバー自ら楽しんでいるフシもあった）サザンを、一段上に押し上げた3枚目のシングル。

これは大げさに言うわけではなく本気で、《いとしのエリー》がなければ、後のサザンはなかったと思う。サザンがなければ、日本のロック史も、まったく違う方向に向か

ったろう。

拙著『1979年の歌謡曲』（彩流社）で私はこう書いた――「日本ロック史の最重要人物が、最重要人物になるキッカケを作った最重要な曲」。めっぽうクドい形容だが、盛っているつもりはない。では、当の桑田佳祐は、当時どう思っていたのか。


で、作ったのよ、一所懸命。やっぱりビートルズが歌うみたいな曲を俺も歌いたいと思ったし。俺たちが本音でやりたい音楽ってのはこういうのなんだって見せたい気持ってあるじゃない、やっぱり。（桑田佳祐『ロックの子』講談社）

コミックバンドからビートルズへという、180度の劇的な転換（ビートルズにもコミックバンド性があったという点については、ひとまず措く）。コミックバンドと見られていた時代に、桑田佳祐の中に鬱積し続けたものがそうさせたのだろう。

そんな《いとしのエリー》のコア・フレーズは曲の中で頻繁に繰り返される「♪エリー my love so sweet」である。

ポイントは、英語の使い方が、何というか洋楽的なところである。口語的と言い換えてもいい。つまり洋楽が血肉化した日本人にしか書けない／歌えないフレーズ。

79年、私は中学1年生だった。当時買った学習雑誌に、ヒット曲の英語フレーズを和訳するという記事があり、その中で、「♪エリー my love so sweet」とゴダイゴ《ビューティフル・ネーム》（79年）の「♪Every child has a beautiful name」が取り上げられていた。

《ビューティフル・ネーム》の方には、「everyを使った場合、動詞は三人称単数のhasとなる」などの、もっともらしい解説が付いていたのだが、《いとしのエリー》の方は、ひどくシンプルな直訳で「エリーは私の恋人、とても可愛い」と添えられていたように記憶している。

それを読んで、中1の私は「サザンの方が洋楽っぽい、ロックっぽいんだな」「あのコミックバンドのようなバンドの桑田佳祐という人は、洋楽が血肉化しているんだな」と直感したのである。

《いとしのエリー》の初披露は、桑田佳祐23歳の誕生日を目前にした79年の2月20日に日本武道館で行われた、FM東京（当時）『小室等の音楽夜話』の放送1000回記念コンサート。そのときの音源を私は持っているが、おそらくコミックバンド性を要求していた客席と《いとしのエリー》とのギャップが激しく、あまり反応は良くなくシーンとしている。

しかしその静かな客席に耳を澄ませてみると、しっかりと聴こえてくるのだ。日本のロック史がググッと動いていく音が。

「笑ってもっとbaby　むじゃきにon my mind」

桑田佳祐本人が言うように、《いとしのエリー》を作る上でのモチベーションとして、ビートルズへの憧れがあったと思う。ただし、だからと言って「まんまビートルズ」にならないのが、若き桑田佳祐の一筋縄では行かないところだ。

注目するのは、「♪笑ってもっとbaby」から始まるBメロ（サビ）である。ビートルズ《サムシング》風に静かなAメロに対して、リズムが躍動的になる。具体的に言えば、少しレゲエっぽくなる。

言わば「うっすらレゲエ」。特にベースの動き方と、後拍が強調されたギターのカッティングは、明らかにレゲエを意識したものと言える。

レゲエは当時、最先端としてもてはやされていたリズム。レゲエ界を代表する音楽家と言えばボブ・マーリー。《いとしのエリー》発売直後の79年4月には、ザ・ウェイラーズを率いて来日公演も行っている。

当時中1の私は、背伸びして雑誌『POPEYE』をたまに立ち読みしていたのだが、「今、レゲエが面白い」「パンクは終わった。これからはレゲエだ」的な文脈で、大々的に紹介されていたのを思い出す。

ただし《いとしのエリー》の「うっすらレゲエ」の原典は、「こってりレゲエ」のボブ・マーリーと言うよりも、同じく「うっすらレゲエ」であるイーグルス《ホテル・カリフォルニア》(76年)などのように思われるのだけれど。

余談だが、『1979年の歌謡曲』で私は、チューリップの傑作《虹とスニーカーの頃》が「うっすらレゲエ」で、同じくイーグルスの影響が強いと断じた。70年代後半、ビートルズからの影響を一旦咀嚼したニューミュージック勢に影響が強かった洋楽を3つ挙げるとすれば、イーグルス、ボストン、クイーンである。

さて、ここで注目したいのは、そんな「うっすらレゲエ」に乗った歌詞だ。「♪笑ってもっとbaby」の音韻。「わらって」と「もっと」の「っ」を使った、跳ねるような語感。続くフレーズでも「♪映『っ』ても『っ』と」と跳ねている。

「うっすらレゲエ」と跳ねる語感の歌詞によって、ビートルズ風（≒通俗的）なラブバラードに陥らず、むしろロック的な灰汁《あく》が漂ってくる。その一点において、サザンらしさが醸し出され、《いとしのエリー》が《勝手にシンドバッド》とつながってくる。

また「映って」という言葉の選び方が面白い。おそらく意味よりもリズム重視で「っ」の入った言葉を選ぶ中で「映って」が採用されたと思うのだが、結果として、続く「in your sight」（あなたの目に「映る」?）とも連携しながら、独特な世界観を形成する。

何百回と聴いた曲だと思うが、機会があれば、Bメロ（サビ）の「うっすらレゲエ」リズムと、「笑ってもっと」の跳ねる語感に耳を傾けてほしい。そこには23歳になりたての桑田佳祐の凄みが詰まっている。

「誘い涙の日が落ちる」

桑田佳祐の歌詞を分析する上で注意が必要なのが、もう何十回何百回と聴いているがゆえに、言葉の選び方に関する独創性が見えにくくなっているということだ。

この《いとしのエリー》は、まさにその危険性をはらんでいて、下手《へた》したら何千回と聴いているがゆえに、多くの日本国民にとって「普通の（平凡な）歌詞」となっている危険性がある。

今回改めて歌詞を読んでみて驚いたのが、この「誘い涙の日が落ちる」というフレーズである。特に冒頭の「誘い涙」って何だ？

加えて、同じメロディに当てられた「みぞれまじりの心なら」「泣かせ文句のその後じゃ」も、実に独創的で、かつ奇妙である。

奇妙さの根源は造語だという点にある。「誘い涙」は桑田佳祐の造語（＝桑田語）だろう。その造語に「日」をくっつけた「誘い涙の日」ってどんな「日」なのか。「泣かせ文句」には造語感が乏しいが、それでも一般的に誰もが使う言葉では決してない。「みぞれまじり」は一般的だが、「みぞれまじりの心」となると、とたんに桑田語になる。

面白くなってきたので、さらに細かく見ていくと、この3つに共通する感覚がある。それは「湿度」だ。「濡れている」ということだ。

「誘い涙」の「涙」、「みぞれまじり」の「みぞれ」（雪が空中でとけかかって、雨とまじって降るもの）。「泣かせ文句」の「泣かせ」。すべて濡れている。高湿度フレーズである。

途方もなく広大な桑田の歌詞世界の中で、最も大きな区画を占めている情緒・情感は「センチメント」と「メランコリー」である（後に詳述）。そして「誘い涙」「みぞれまじり」「泣かせ文句」はすべて、その区画にすっぽりと収まる。

桑田語の特性は、リズムとメロディ優先で、ある種後付け的にでっち上げられた言葉だったとしても、その意味内容が、感覚的に伝わってくるところである。そして、その代表例が先に分析した《勝手にシンドバッド》の「胸さわぎの腰つき」だ。

繰り返すが、サザン／桑田佳祐はメジャー過ぎるがゆえに、その言葉の独創性が見えにくくなっている。だから、桑田語の凄みを感じるためには、意識的に歌詞を読み直さなければいけない。この本が、「桑田語読み直しムーブメント」のキッカケの1つとなれば嬉しい。

今回見たように、《いとしのエリー》たった1曲の中にも「誘い涙」「みぞれまじり」「泣かせ文句」という強烈な桑田語が並んでいた。これらは、言ってみれば、日本語ロックにおける「言語革命」の痕跡である。

4．サザンオールスターズ《C調言葉に御用心》

作詞：桑田佳祐、作曲：桑田佳祐、編曲：サザンオールスターズ、弦・管編曲：新田一郎
シングル、1979年10月25日

「たまにゃ Makin' love　そうでなきゃ Hand job」

ファンに広く深く愛されている曲である。1979年秋発売のシングルにして、翌年発売のアルバム『タイニイ・バブルス』収録曲。

私はこの曲を聴くたびに、ほとんど死語である「MOR」という言葉を思い浮かべる。80年代に音楽業界で少しだけ広まった言葉。「Middle Of the Road」の略。「中道的な音楽」というくらいの意味か。ちなみに81年にゴダイゴが、『M.O.R.』というタイトルのアルバムを出している。

そう、「中道」なのだ。この曲までのシングルは《勝手にシンドバッド》《気分しだいで責めないで》《いとしのエリー》《思い過ごしも恋のうち》。あらゆる意味で過剰だったこれらのシングルに対して「中道」。

適度に夏っぽく（海っぽく）、適度にエロティックで、適度にコミカルで、そして適度にラブソング。「夏・エロ・お笑い」という《勝手にシンドバッド》《気分しだいで責めないで》《思い過ごしも恋のうち》に含有された要素と、「ラブソング」という《いとしのエリー》的要素が、最適な含有比率で込められている。言わば、それまでのシングル4曲からなる四角形の中点に位置するような感じだ。

「中道」ということは、音楽的にオリジナルということでもある。これまでのシングルにはなかったオリジナル性。ひいては、これまでの日本ロックになかったオリジナル性。そんな音楽的オリジナル性について、私は拙書『1979年の歌謡曲』でこう書いた。

チューリップ『虹とスニーカーの頃』のところで、ビートルズの影響下から抜け出した、「どこかの洋楽に原典がある感じがしない」ことを賞賛したが、驚くべきは、「79年サザン」がデビュー2年目にして、その境地にたどり着いていることである。

それも、テレビ出演とレコーディングに追われて、当時、桑田本人が言っていたところの「ノイローゼ」に近い状態にありながら、このような名曲を生み出しているのだから、大したものである。

4．サザンオールスターズ《C調言葉に御用心》

では以下、そのオリジナルなバランス感覚に溢れた歌詞を見ていきたい。

「あぁ、上手《うま》いなぁ」と思うのは、歌い出しだ。「♪いつもいつもアンタに迷惑かける俺がばかです」。この、非常に汎用性のあるダメ男発言から入ることで、この曲の間口が一気に広がる。

実はこの曲の歌詞、全体を何度読んでも、意味がまるで入ってこない。初期サザンに特にありがちな、意味や文脈から自由な歌詞だ。それでも愛されるのは、この、ダメ男が女性にいきなり謝っているチャーミングな歌い出しが貢献していると思う。

しかし、Bメロに出てくる「♪たまにゃ Makin' love　そうでなきゃ Hand job」によって、そのチャーミングなイメージは一気にエロティックでコミカルな方角に転がる。野暮ながら、あけすけに説明すれば「たまには性交もするけれど、それ以外のときは自慰に励む」という意味だろう。

この「Hand job」という言葉遣いの先鋭性はどうだ。また「Makin' love」と「Hand job」という英語が、見事に韻を踏んでいる。さらにはこの2語の音列が、どちらも「♪シド・ード」(キーはE)という、キャッチーなフレーズになっていることで、エロでコミカルながら、キャッチーに響き渡る。実際に歌っても、とても気持ちいい。

1番を通して読んでも、この2人が付き合っているのか、別れているのか、果ては主人公が男なのか女なのか、さっぱり分からない(「俺」という一人称は明らかに男主語だが、「♪今夜あたりは裸でいるのよ」は女性言葉っぽい)。

しかし、そんなあれやこれやが、「♪たまにゃ Makin' love　そうでなきゃ Hand job」という絶妙なフレーズによって、どうでもよくなる、というか、この曲が心の「中道」に置かれる感じがするのだ。

「あ　ちょいと　C調言葉にだまされ」

先の「♪たまにゃ Makin' love　そうでなきゃ Hand job」のパートがキャッチーで、ちょっとサビっぽい感触もあるので、これからご紹介する「♪あ　ちょいと　C調言葉にだまされ」のパートは、言わば「大サビ」とも言える。しかしラストのラストで、次にご紹介する「♪砂の浜辺でなにするわけじゃないの」という「特大サビ」も待っているので、この曲の構成は実に豪勢でしつこい。

タイトルにも使われている「C調」という言葉のお出まし。79年といえば、私はもう中1になっていて、それなりに言葉を覚えた年齢だったが、それでも当時、「C調」の意味が分からなかった。

『デジタル大辞泉』（小学館）によれば、「1 音楽で、ハ調。2 軽薄で、調子のよいこと」とある。「2」については「補説」があって、「ハ調の音階が明るく調子のよいことから、また、『調子』の倒語からともいう」としている。「ハ調の音階が明るく調子のよい」とは何という俗説か（「ハ調」にはCメジャーもあれば、Cマイナー＝Cmもある。キーがCmのビートルズ《ガール》も「明るく調子のよい」というのだろうか）。

それはともかく、桑田佳祐の脳裏にあったのは、ハナ肇とクレージーキャッツ《無責任一代男》（62年）で植木等が歌う「♪人生で大事なことはタイミングにC調に無責任」というフレーズだろう。60年代前半に「C調」という言葉が、少し流行したようだ。

意味は先述の「2」の通り「軽薄で、調子のよいこと」。「調子いい」の「調」と「子いい」をジャズメンぽくひっくり返して「子いい調」＝「C調」。クレージーキャッツ好きの桑田が、ややアナクロなこの言葉の語感を面白がって、使ったに違いない。

注目すべきは、この「C調」が歌われるメロディである。「♪C調」の部分が、とても特徴的な音なのだ。

具体的に言えば、曲のキーは「C調」ではなく「E（調）」で、かつ、そこのコードがF♯m7で、「♪C調」の音がG♯なのである。もう少し分かりやすく言えば、コードが「レ・ファ・ラ」なのにメロディが「ミ」の音なのだ。もっと分かりやすく（乱暴に）言えば、「♪C調」の部分は、コードに対してメロディが「不協和音」になっているのである。

小理屈はさておき、「♪C調」の部分に、何となく耳に残る感じがするのは、本来、そのコードをバックに歌ったら響きが濁る不協和音的な音程で、メロディが作られているからなのである。

他の曲でいえば、薬師丸ひろ子の傑作《Woman〝Wの悲劇〟より》（84年）のサビ＝「♪ああ時（の河）を渡（る船に）」も同じく「レ・ファ・ラのミ」。「♪C調」も「♪ああ時の河を渡る船に」も、不協和音的な音になっていて、それゆえに、耳に残る響きが生まれる。

《Woman "Wの悲劇" より》の作曲は呉田軽穂＝松任谷由実。ユーミンが、この独特な音程を確信犯的に作ったことは明らかだ（私はこの曲を、作曲家ユーミンの最高傑作だと思っている）。しかし、桑田佳祐については分からない。桑田一流の「動物的カン」のなせる業《わざ》だった可能性も高い。

しかし、経緯はさておき、独特な「♪C調」のひっかかりが、この曲の顔になっていることは事実である。「C調言葉に御用心」という文字列を見ると、「E調のレ・ファ・ラのミ」の音が無意識に心に響くのだ。

「砂の浜辺でなにするわけじゃないの　恋などするもどかしや」

続いて、ラストに待ち構える大サビならぬ「特大サビ」の歌詞を見る――「♪砂の浜辺でなにするわけじゃないの　恋などするもどかしや」。

ここも、まったく意味が分からないものの、めげずに解釈していくと、「砂の浜辺でなにする」の「なに」に、多少エロティックな意味を感じるわけだが、しかし「なにするわけじゃない」のだから、エロティックな行為はしていないことになる。

ただ、その舞台が「浜辺」ということだけで、サザンファンは安心する。特に、まだ

「砂まじりの茅ヶ崎」の残像が強かった79年、当時のサザンファンは、意味不明ながらも、桑田佳祐の口から発せられる「浜辺感」「海感」に安心したことだろう。

次の「恋などするもどかしや」は、もうお手上げだ。「恋などするものかしら」なら、まだ解釈もできようというものだが、意味や文脈から自由であることを超えて、もう日本語としてもギリギリのところにきている。モーツァルト『フィガロの結婚』のアリアに《恋とはどんなものかしら》(Voi che sapete) という曲があるが、まぁ無関係だろう。

そして「特大サビ」はいよいよクライマックス=「♪乱れそうな胸を大事に　風に任せているだけ」。ここではまた、浜辺の海風に、胸をはだけているような、ちょっとエロティックな感じがする。しかし、先に書いた「この曲の主人公が男か女か問題」があって、女性ならともかく、男性だとしたら、エロティックというよりも、何だかシュールな世界になる。

とまぁ、歌詞の解釈を試みても、野暮なことこの上ない。とにかく意味や文脈から自由な歌詞だということだ。意味など分からなくとも、「♪かぜにま（かせて）」のところの最高音G♯で、聴き手はエクスタシーに達するのだ（ちなみにこのG♯も不協和音的で、コードが「レ・ファ♯・ラ」に乗るミの音）。

先に書いたように、この曲の魅力は「MOR」=「中道」感である。適度に夏っぽく（海っぽく）、適度にエロティックで、適度にコミカルで、そして適度にラブソング。サザンはデビュー2年目にして、早々と「中道」を手に入れた。

ここでいう「中道」とは、まずバランス感覚である。あらゆる音楽ジャンルの魅力を、バランス良く配合して、大衆が呑み込みやすい味付けにすること。桑田佳祐は、バランス感覚に長《た》けていたことで、今に至るまで、音楽シーンのトップを走り続けることができた。

また「中道」とは、ナンセンス感覚でもある。《C調言葉に御用心》のまったく意味不明な歌詞世界。「浜辺感」をトッピングするなどのバランス感覚は利《き》いているものの、まぁ、それでもナンセンス。バランス感覚の結果として生まれた、どんな意味の束縛からも自由な、無意味で無節操な歌詞。

バランス感覚とナンセンスの結果、生み出されるものは、サザンならではのオリジナリティである。こんなにバランス感覚が利いていて、なのにこんなにナンセンスな楽曲は、後にも先にも横にもない。だから《C調言葉に御用心》は、サザンは、他の音楽家とはまったく異なるポジションにいながら、令和の今でもキラキラとした輝きを発し続けているのだ。

他の音楽家、音楽トレンド、音楽カテゴリーの影響から自由な音。それは日本的な同調圧力からも自由な音とも言える。そう「C調」の対義語は「同調」だ。

5．サザンオールスターズ《働けロック・バンド（Workin' for T.V.)》

作詞：桑田佳祐、作曲：桑田佳祐、編曲：サザンオールスターズ、弦・管編曲：八木正生
アルバム『タイニイ・バブルス』収録、1980年3月21日

「その気もないのに笑う事ばかりじゃ」

ある意味では、サザン初のメッセージソングと言えるだろう。ただしテーマとしているのは、いわゆる社会問題ではなく、サザンの面々にとって極めて卑近だった「テレビ出演にまつわるストレス問題」である。

この曲が収録されたアルバム『タイニイ・バブルス』が発売されたのが1980年の3月。この時期サザンは、テレビ出演を一切せずに、レコーディングに没頭する「ファイブ・ロック・ショー」という期間に入っていた。背景には、78～79年の過剰なテレビ

出演と、それによる過剰なストレスがあった。

そのあたりのことに関するいくつかのエピソードを、桑田佳祐は著書『ロックの子』において、赤裸々に語っている。

・《勝手にシンドバッド》を2分半くらいのショートバージョンで歌わされた。時には曲初めの「♪ラララ」から、いきなりエンディングにいく、つまり歌なしのバージョンにさせられたことさえあった。
・本番まで4~5時間も待たされ、挙げ句の果てに本番でやらされたのは、清水健太郎との腕相撲だった。
・裁判みたいな形式のテレビ番組の中で、近田春夫やかまやつひろしに「んー、よくないねえ、コミックだね、これ」とか「(デビューシングルから)一曲目も二曲目も同じだねえ、よくないねえ」などと批判された。
・(これはテレビではなく雑誌の話だが)『週刊プレイボーイ』に突然呼ばれて、ジャニス・イアンの取材に立ち会えと言われ、ホテルニューオータニに行った。よく分からないままに取材が終わったのだが、でき上がった記事には「会ったとたんにアイ・

ラブ・ユー！と言ったコミック・バンド・リーダー」と書かれていた。

身体的にだけでなく心理的にも大きなストレスがあっただろう。ビートルズで産湯を使い、エリック・クラプトンを母乳にして育ってきた20代前半の若者にとって、逃げ出したくなるような状況が続いたことは、想像に難くない。

1番に出てくる「♪その気もないのに笑う事ばかりじゃ」というフレーズは、例えば、清水健太郎との腕相撲に負けたときに、ディレクターから求められた苦笑いのことだろうか。実に痛ましい。

しかし、このたった2年後、サザンは、まだ舌の根も乾かないうちに、《働けロック・バンド》とは真逆のことを言い出す。サザンのメンバー＝関口和之の著書『突然ですがキリギリス――サザンオールスターズ音楽青春物語』（集英社文庫）に書かれていた、82年に向けた彼らの目標。

その1、シングルヒットを狙おう
その2、テレビに出まくろう

その3、茶の間のアイドルになろう

「ファイブ・ロック・ショー」から81年にかけて、アルバムは売れるも、シングル売上の低迷が続いたこともあり、がらっと方針転換するのだ。ただし、経験から学んだのか、82年に派手派手しく続けられたテレビ出演は、テレビ局に「使われる」のではなく、サザンがテレビという媒体を「使う」「使い倒す」というスタンスだったように思う。

その象徴が、言うまでもなく、82年大みそかのNHK『紅白歌合戦』における《チャコの海岸物語》の、あのステージだ。

「Workin' for T.V.（そりゃしんどいもんでんねん）」

桑田佳祐の歌詞世界を賑やかにしている大きな要素が、選ぶ言葉や言い回しの多様性である。特に、標準語以外の方言や古語の多用は、後の音楽家にほとんど引き継がれていない、桑田唯一無二の方法論である。

方言や古語を使うことによって、土着的なニュアンスを詰め込むことができる。《思い過ごしも恋のうち》の中に「♪だめよだめ　そげなこと」というフレーズがあるが、こちらが慣れてしまったせいもあろうが、ここはやはり、「そんなこと」ではなく「そげなこと」でないと収まらないような気がする。

このような意味論に加えて、方言や古語、特に方言を使うことによって、標準語では醸し出せないリズム感をも、歌詞に与えることができる。

自著『ポップス歌手の耐えられない軽さ』（文藝春秋）において、桑田佳祐は「日本の三大名曲《ポップス》」を選んでいる。植木等《ハイそれまでョ》、笠置シヅ子《買物ブギー》、藤本二三吉《祇園小唄》というラインナップなのだが、《買物ブギー》を選ぶにあたって桑田は、「大阪人＝音楽的には外国人説」を唱えている。

「ボ・ク・は」と歌うには基本、「タン・タン・タン」と三つの拍が必要なのだ。ところが大阪弁は、「よう来たな」「ほな行こか」「そうでっか」……みたいな会話のセンテンスが、音符三つあれば難なく成立してしまう、実にファンキーな言語である。

と述べた後に、《買物ブギー》について、

『買物ブギー』なら例えば、「わてほんまによう言わんわ」というサビのフレーズがお馴染みである。それを六つの音節に分けて、「わて・ほん・まに・ようい・わん・わ」と、流れるように音楽に乗せる事が出来る!!（ちょっと理屈っぽくてイヤだよね）

と語っている。

日本を代表するボーカリスト・桑田佳祐の肉体感覚が、大阪弁特有のリズム感に強い魅力を感じていることが、実によく分かる。

《働けロック・バンド》に話を戻すと、この曲のサビで、実に印象的な大阪弁が歌われるのだ――「♪Workin' for T.V.（そりゃしんどいもんでんねん）」「♪Darlin' can't you see me?（こりゃどうもしゃあないねん）」。

単に大阪弁を使っただけでなく、大阪弁から発生するリズム感をも有効に活用している歌い方でもある。桑田佳祐の「♪そりゃしんどいもんでんねん」の歌い方を文字で表すとこんな感じになる。

――「♪そりゃ・しーnどぃ・もんでーn・ねーn」

5．サザンオールスターズ《働けロック・バンド（Workin' for T.V.）》

「し」と「も」と「ね」にアクセントを置いて、あとは「しんどい」の「い」を「ぃ」、3つの「ん」を「n」という感じで、軽く発声することで、標準語では生み出せないリズム感を獲得している。

また、そんなリズム感の中で、「そりゃしんどいもんでんねん」「こりゃどうもしゃあないねん」という大阪弁のニュアンスがより強まり、清水健太郎と腕相撲をやらされる疲労感／徒労感がびんびんと伝わってくるのだ（余談ながら、この「♪しんどいもんでんねん」「♪どうもしゃあないねん」の音列の階名が、日本人好みの「♪ミファミレド」になっていることも、ムードを盛り上げている）。

なお桑田佳祐は、フジテレビ『桑田佳祐の音楽寅さん～MUSIC TIGER～』の２００９年６月15日放送の第９回「寅さんの大阪案内」で、《買物ブギー》を披露している。実に素晴らしい出来。桑田の「大阪人＝音楽的には外国人説」になぞらえて、私は「桑田佳祐＝音楽的には大阪人説」を唱えたい。

「胸につかえたままで　眠るだけの Hard Day's Night だから」

80年前半の「ファイブ・ロック・ショー」とは、サザンが最も「ビートルズになりたいバンド」だった時期。ここでいうビートルズとは、66年以降、ライブ活動をやめて、レコーディングを活動の軸に据えた、いわゆる「中期〜後期」の彼らのことである。

PAシステムの無い、貧弱な音響装置の大規模会場において、ろくに演奏を聴いていない女の子の金切り声の中で、過去のヒット曲を機械のように演奏し続ける苦痛から脱却し、4トラック、8トラックと、こちらは逆に充実していく録音装置に囲まれて、音楽的実験を繰り返した中期以降のビートルズ——。

「あぁ、ビートルズになりてえよぅ。清水健太郎と腕相撲させられるコミックバンドじゃなくって、ロックで、音楽そのもので勝負するビートルズみたいなバンドになりてえよぅ」

そんな桑田佳祐の心の声は、この曲のサビ、大阪弁の後に出てくる「♪胸につかえたままで　眠るだけの Hard Day's Night だから」というフレーズに結晶している。

「Hard Day's Night」はもちろん、ビートルズ《ア・ハード・デイズ・ナイト》（64年）から来ている。「犬のように働き、丸太のように眠る、忙しい日の夜」と歌う有名な歌

5．サザンオールスターズ《働けロック・バンド（Workin' for T.V.)》

詞からの引用。もちろん、テレビの収録に追われて疲れたというのが一義的な意味だろうが、その追われ方／疲れ方と、憧れてきた中後期ビートルズの間に存在する、途方もない隔たりへの絶望感も、この「Hard Day's Night」には込められている気がする。

言われてみれば、曲調もどことなくビートルズ風である。ピアノで始まるイントロは《レット・イット・ビー》風だし、またしわがれ声のボーカルはポール・マッカートニー風だ（ただしポールという「ご飯」に、レオン・ラッセルとローウェル・ジョージという「ふりかけ」をまぶした感じ）。

「ファイブ・ロック・ショー」から81年にかけての、「ビートルズになりたいバンド」としての試みは、正直成功したとは言えず、特にシングル売上の低迷が、82年の怒濤のテレビ露出につながり、《チャコの海岸物語》の大成功に結実する。そういう意味で80～81年のサザンは一種の過渡期だったと言える。

サザンオールスターズは、ビートルズになれなかったのだ。

ただ、それゆえに、80～81年のサザンオールスターズには、独特の魅力がある。アルバムで言えば『タイニイ・バブルス』と『ステレオ太陽族』。テレビと、テレビの向こう側にいる大衆から距離を置き、音楽に対してピュアな姿勢で立ち向かっていった若者たちのみずみずしいチャレンジは、約40年経った今でも、リスナーの心に響いてくる。

「胸につかえたままで　眠るだけのHard Day's Night」に決別して良かったのだ。

なぜなら、サザンオールスターズは、あのビートルズにはなれなかったけれど、その決別によって、あのサザンオールスターズになれたのだから。

6．サザンオールスターズ《チャコの海岸物語》

作詞：桑田佳祐、作曲：桑田佳祐、編曲：サザンオールスターズ、弦・管編曲：八木正生
シングル、1982年1月21日

「チャコの海岸物語」

歌詞の文学性やテクニックという視点ではなく、サザン／桑田佳祐ヒストリーの中の最大エポックの1つとして、本書で取り上げなければいけない曲だろう。

本論に入る前に、思い出話。1982年の1月、この曲のリリースのタイミングで、サザンのメンバーが本人稼働する、猛烈なメディア・プロモーションがあったことを、とてもリアルに憶えている。

当時、高校受験を控えていた私は、深夜ラジオを聴きながら受験勉強をしていたのだ

が、とにかくサザンが出ている。出まくっている。出ずっぱり。《チャコの海岸物語》をとにかく売りたい、売らねばならないという使命感があったのだろう。

シングルの売上が低迷してきた焦りもさることながら、80～81年という、比較的地味な2年間の中で、桑田佳祐の心の中に潜在していた「大衆のオモチャであり続けたい」という内なる野望に、桑田自身がやっと気付いたのだろう。

しかし、当たり前のことだが、テレビに出まくるメジャー路線には、コアなファンを失うというリスクも伴う。そこで桑田佳祐は、巧妙な戦略に打って出る。それは「パロディ戦略」だ。

《チャコの海岸物語》には、2つのパロディ・アプローチが埋め込まれている。1つは「60年代パロディ」。楽曲全体がレトロな仕立てになっている。それも真正面からではなく、60年代テイストを、ちょっと半笑いで再現している。

まずはタイトルの「チャコ」。この文字列で思い出すのは、まずはフランク永井の《夜霧に消えたチャコ》(59年)。また、《ルイジアナ・ママ》(61年)をヒットさせた歌手＝飯田久彦のニックネームも「チャコ」だった。ちなみに飯田は、歌手を引退後、サザンや桑田佳祐のレコード会社＝ビクター音楽産業に入社、専務にまで昇りつめる。

また、『チャコとケンちゃん』（68～69年）というテレビ番組もあったし、70年代に活躍したゴルファー＝樋口久子も「チャコ」と呼ばれた。細かい話はさておき、82年当時に60～70年代を回顧する文字列であったことは間違いない。

さらに、歌詞に出てくる「ミーコ」は60年代に活躍した弘田三枝子を想起させるし、「ピーナッツ」は無論、ザ・ピーナッツだろう。《チャコの海岸物語》に出てくる固有名詞は、レトロテイストで徹底されているのだ。

また音的には60年代後半に大ブームとなったグループサウンズ（GS）のパロディとなっている。桑田本人の言葉を借りると「三流のGS」のような曲を狙って作ったという。拙著『サザンオールスターズ　1978-1985』からの引用。


その「GS性」は、具体的には、（1）桑田楽曲としては異様にシンプルなコード進行（そして、エンディングのメジャーコード）や、（2）ザ・テンプターズ《エメラルドの伝説》からの借用のように思われる、冒頭「♪抱きしめたい」の後のリードギター、（3）ザ・タイガース《僕のマリー》に似たフレーズが出てくるストリングス、

（4）そして、ザ・タイガース時代の沢田研二に似せたような舌足らずの歌い方（桑田本人によれば、田原俊彦の歌い方を真似たらしいが）などに表れている。

2つ目のパロディ・アプローチ、それは「サザンのセルフパロディ」だ。「海岸物語」「南の島」「サンゴ礁」「砂浜」「エボシ岩」「浜辺」……と、当時サザンのパブリックイメージだった「海」「夏」「湘南」的要素をモロに出している。

この「サザンのセルフパロディ」アプローチは、第一義的には、サザンのパブリックイメージを再現することで、コアファンを繋ぎ止めることも目的だったと思われるが（「湘南サウンドのサザンが帰ってきた！」という感触が、当時確かにあった）、「60年代パロディ」も含めて、「俺たちは、こんな曲、本気ではなく、半笑いでやっているんだよ」というスタンスを示す狙いの方がより強かったように思われる。

コミックソングのような風体ながら、色んな考えがしっかりと組み込まれていて、二重三重にもエクスキューズが備え付けられた曲になっている。そして、そんな《チャコの海岸物語》が、久々の大ヒットとなった——曲の印象はコミカルだが、曲の戦略は非常にクレバーという周到な構造が、そこにはある。

「我々放送禁止も数多くございますが」

サザンはこの《チャコの海岸物語》で、82年のNHK『紅白歌合戦』に出場していて、そのときのパフォーマンスは、サザン／桑田佳祐を語る上で、非常に重要だと考えるので、改めてここで触れておきたい。

桑田佳祐は三波春夫のパロディを演じた。具体的には、三波春夫のような格好をして、三波春夫らしいセリフを歌の中に入れ込みながら、《チャコの海岸物語》を歌い切ったのだ――と、表面だけをさらって書いても、このときのパフォーマンスのインパクトは伝わらない。

「三波春夫のような格好」と書いたが、具体的には、ギラギラと光る和服、胸には大きな菊の花。化粧は、太く塗られた眉、目の端にはおびただしく盛られたマスカラ。さらに、まぶたの部分には、不気味な水色が施されていて、要するに、三波春夫というより「志村けんのバカ殿」に近い姿だった（ちなみに2022年3月8日放送のニッポン放送『高田文夫のラジオビバリー昼ズ』において高田文夫は、このときの桑田佳祐のパフォーマンスが三波春夫の物真似ではなく、「三波春夫の物真似をする、はたけんじの物真似だった」

と話した）。

また「三波春夫らしいセリフ」については、「♪〜恋をする物語（ありがとうございます）」「♪〜まばゆいばかり（ありがとうございます）」「♪〜つれなくて（神様です）」など、三波春夫が使う常套句を、明らかに小馬鹿にした感じで、歌詞の間に無理矢理に挟み込む。

さらには、歌の最中に何度も、着物の股の部分を広げて、生脚をチラチラ見せるのだ。つまりは、かなり挑戦的でお下劣なパフォーマンスだったのだ。そして、お下劣さが極まるのは、間奏における桑田佳祐のこのセリフである。

「国民の皆様、ありがとうございます。我々放送禁止も数多くございますが、こうやって、いけしゃあしゃあとＮＨＫに出させていただいております。とにかく、受信料は払いましょう！　裏番組はビデオで観ましょう！」

このパフォーマンスを、私はビデオで何度も見ている。リアルタイムでも見たのだが、時を経て、冷静に見つめ続けていると、単なる「お下劣」を超えた、このパフォーマンスの本質的意味が分かってくる。

82年のサザンの目標＝「その1、シングルヒットを狙おう　その2、テレビに出まく

ろう　その3、茶の間のアイドルになろう」を額面通りに受け止めてはいけなかったのだ。サザンが、桑田佳祐が企図したテレビ出演の本質は、ＮＨＫ『紅白歌合戦』という、言わば日本の価値観の基軸をかき回すことだったのだ。そして、最高にメジャーな舞台から、日本の価値観を揺さぶるという、ポップでロックでパンクな行いだったのだ――。

82年の紅白は、世帯視聴率69・9パーセントを獲得しており（ビデオリサーチ、関東地区）、現在とは比べ物にならないくらいメジャーな舞台だったことが前提の話として理解してほしい。また、最近でこそ、紅白で「やんちゃ」することが当たり前になっていて、逆に出場者の「やんちゃ」を栄養にして、紅白自体も生き長らえているふしすらあるが、82年の紅白は、とんねるずが「受信料を払おう」というボディペインティングで話題となる91年紅白から、9年も前だったことも含めて。

このときの《チャコの海岸物語》が、とてつもなくポップでロックでパンクだったことがお分かりいただけるだろうか。

「抱きしめたい　海岸で若い二人が」

サザン／桑田佳祐の本質を突いた最高の文章がある。残念ながら私の書いたものではない。『ただの歌詩じゃねえか、こんなもん』（新潮文庫）の巻末に収められた、村上龍による「無敵のサザンオールスターズ」という一文だ。

書かれたのは84年4月。なので、村上龍が捉えたのは、初期サザンということになる。この一文は、それまでの日本になかった「ポップス」というジャンルを生み出したという、初期サザンによる偉大なる功績を、見事に書き表している。

この文章の中で、《チャコの海岸物語》が登場する。「ポップス」としてのサザン、「ポップス」としての《チャコの海岸物語》が、そこにはある。

二年前だ。ホテルに女といた。いい女だった。ピーカンの午後だ。二日酔いで何もしたくなくて、ベッドでいちゃついていた。いちゃつくのも飽きて、二人で天井を見上げて、ラジオを聞いていた。波の音が聞こえてきた。カモメの鳴き声も。突然、胸をしめつけられるようなイントロが始まって、「抱きしめたい……海岸で、若い二人が」と桑田が歌いだした。僕はガバッと起きて、ラジオのボリュームを上げ、いかしてんな、と言った。女は、サザン最高、と言った。

これがポップだ。

それまでの日本には「ポップス」などなかった。戦後の日本が、少しずつ豊かになってきて、サザンが「日本に初めて現れたポップバンド」となった。そして「『いとしのエリー』があれば（筆者註：『アメリカン・グラフィティ』ならぬ）『ジャパニーズ・グラフィティ』のラストシーンが撮れる」と、村上龍は書く。

サザン／桑田佳祐による、このあたりの功績は、もっと語られていいのではないか。日本で初めて、仮想の映画『ジャパニーズ・グラフィティ』の音楽を担えるバンドとしてのサザン。映画全体には、松任谷由実や山下達郎も使われようが、エンディングは、やはりサザンだろう。《いとしのエリー》か《希望の轍》かは、意見が分かれそうだが。

「無敵のサザンオールスターズ」のエンディングには「Sさん」という人物が登場する。九州の基地の町（佐世保のことか）のジャズ喫茶のマスターで、ジャズに浸り切って、黒人に憧れ続け、顔を黒く塗ったりしていたこともあり、酔うと決まって「どうして俺は黒人に生まれてこなかったんだ」と言って泣くような人物。

Sさんは、突然自殺してしまうのだが、そのSさんに対して、村上龍は、このように書く。

Sさんに生きていてサザンを聞いて貰いたかった。もし、「東京シャッフル」をSさんが聞いたなら、死ななくてもすんだかも知れないと思う。桑田佳祐の、ビートを一途に信じる力、ビートに従う日本語を捜す才能、そんな人間が日本にも出てきたと知ったら、Sさんは希望をもてたかも知れない。

村上龍「無敵のサザンオールスターズ」は、この文章に続く、最後の2行に極まるのだが、引用は控えておく。なぜならば本書は、全章が一丸となって、その2行に挑戦している本だからだ。

7．サザンオールスターズ《よどみ萎え、枯れて舞え》

作詞：桑田佳祐、作曲：桑田佳祐、編曲：サザンオールスターズ
アルバム『人気者で行こう』収録、1984年7月7日

「不思議な友情もなんの愛情もケセラ・セラ」

アルバム『人気者で行こう』は、拙著『サザンオールスターズ 1978-1985』で☆5つ、初期（デビューから1985年まで）の中における、最高の名盤に認定した作品である。メロディや歌詞もいいと思うが、まずもってサウンドがいい。

著名なアメリカ人ミックス・エンジニア＝ボブ・クリアマウンテンに、アルバム『綺麗』（83年）を聴かせる機会が当時あったらしく、そこで「音が綺麗すぎる」と言われたのだそうだ（まさかアルバムタイトルに合わせた発言ではあるまい）。それで一念発起

した桑田佳祐が、次の『人気者で行こう』で、図太いサウンドを目指したのだという。

その方向性が奏功しているのが、この《よどみ萎え、枯れて舞え》。一見『綺麗』の名残りある「AOR」路線なのだが、ベースが太く響いていて、『綺麗』の曲のような軽い感じがしない（ドラムスとベースによる重いリズムパターンが、どことなく山下達郎的）。

サウンド志向になるということは、相対的に言葉が後退することである。ただ、そこは桑田佳祐、単に手を抜いたり、単にありふれた言葉で取り繕うのではなく、サウンド志向と両立する新しい方法論をぶっこむ。

それは、サウンドに合わせた言葉の響きを優先するというものであり、さらには響き優先のために、歌詞を意味から解放させるというものである。

具体的に言えば、このタイトル《よどみ萎え、枯れて舞え》。意味がまるで分からない。しかし「萎え」と「舞え」が韻を踏んでいて、何だかリズミカルだ。また前半の「よどみ萎え」が、どこか淫靡で、桑田佳祐的で、つまりはロック的——こういう「響きとイメージ優先の言葉遣い」を導入している。

歌い出しの「♪不思議な友情もなんの愛情もケセラ・セラ」なんて、さらに意味がよく分からない。日本語で書かれているのに、何も指し示していないように感じる。しかし「友情」「愛情」という「情」の繰り返しはリズミカルで、図太いサウンドにぴったりと合う。

その次に来る「♪Tokioの貞操は変な情操にゆがめられ」も同様だ。「貞操」「情操」と、漢字「操」が繰り返されリズムが前に出ている。さらには前段の「情」の繰り返しと「操」の繰り返しも連動して、いよいよ盛り上がってくる（その上「貞操」という言葉から淫靡なイメージも、逆説的に漂ってくる）。

ここで上手いなぁと思うのは、そんな意味不明、響きとリズム優先の奇天烈フレーズの合間に「♪夏の雨に都会が笑う」「♪風の中に独りきり」という、比較的、分かりやすく呑み込みやすいフレーズを差し込んでいることだ。

この差し込みは、84年の大衆と遊離しないために桑田佳祐がかけた保険のような気がするのだが、それは考え過ぎか。

「愛倫浮気症」

初期サザンの歌詞の中で、最も鮮烈なフレーズだと思う。少なくとも、桑田佳祐による造語（＝桑田語）として、最高水準のものであることは間違いない。

実際にはない当て字。発明して、俺は狂喜したんだけどね。あのLPん中に「よどみ萎え、枯れて舞え」って曲があるでしょ。あそこに♪いつも心にアイリンブーケショウ……ってのがあるの。アイリンブーケショウってありそうでしょ、英語に。ないの、そんなもん。それはね、愛するのアイに倫理のリン。で、ブーケは浮気って書くの。それに症候群のショウ。愛倫浮気症。いいでしょ。（桑田佳祐『ロックの子』）

「アイリン・ブーケ・ショウ」――先に書いた「響きとイメージ優先の言葉遣い」の典型である。意味よりも英語的な響きを優先しつつ、でも、その響きに対して、表意文字である漢字を上手く当て、「愛倫浮気症」という文字面で、読み手にイメージを広げさせるという難題に成功した画期的フレーズなのである。

アルバム『人気者で行こう』で、この《よどみ萎え、枯れて舞え》の前に入っているのが《JAPANEGGAE（ジャパネゲエ）》という曲で、全編、響きだけを重視した意味不明な歌詞なのだが、その歌い出しは「♪愛苦ねば」。この「♪愛苦ねば」は、おそらく作曲時に桑田佳祐の口から出て来た「I could never」を、そのまま日本語の音に当てはめたのだろう。

同じように《よどみ萎え、枯れて舞え》の作曲時に、桑田佳祐の口から「アイリン・ブーケ・ショウ」（Irene Bouquet Show?）が出てきたとして、それをそのまま「♪愛苦ねば」的に日本語に置き換えない、もっと込み入ったプロセスを桑田は採用した。

そのプロセスを具体的に想像すると、まず「ブーケ」→「浮気」という置き換えを閃いた（実は、歌詞カードには「アイリン・フーケ・ショウ」となっているので、「フーケ」の「フ」が「浮気」の「浮」の音読み「ふ」と重なったのかもしれない）。

続いて「浮気」という言葉との兼ね合いで、その前の「アイリン」を「愛」と「倫」に置き換えることを閃いた。特に「倫」は「不倫」の「倫」でもあり、「浮気」という言葉とのつながりは非常に強く、かつ自然である。

かつ「浮気症」という言葉もあるので「ブーケ・ショウ」を「浮気症」としたのだろう――と、以上のようなプロセスで、「アイリン・ブーケ・ショウ」→「愛倫浮気症」が完成したと思うのだが、どうだろうか。

このような方法論、さすがに偶然の産物だったのか、後の桑田佳祐の歌詞において、

「愛倫浮気症」のような見事な造語を探すことは難しいのだが、それだけに、この「愛倫浮気症」は、桑田史上、いや日本ロック史上に残る造語として、長く記憶されていくことだろう。

「Warnin' chap, chap, chap」

初めて聴いたときからずっと気になっていたのだ。サビの最後の「♪You & Me, I love you, You to me」に続く「♪Warnin' chap, chap, chap」の「chap」は何なのかと。「チャップ・チャップ・チャップ」と聴こえるので、まず連想するのは童謡《あめふり》の「♪ピッチピッチ　チャップチャップ　ランランラン」なのだが、まさか雨を表現しているわけではあるまい。ここはやはり英語だとして考えるべきだろう。

そう思い、英語に詳しい友人に聞いてみた。すると、イギリス英語のスラングで「chap」が「男性」を意味することがあるらしい。ということは「♪Warnin' chap, chap, chap」は、その「男性」に「気をつけろ」ということか。

また、英語において、「chop-chop」という表現が「急げ」という意味になることもあるらしい。「気をつけろ、急げ」なのか。ただし、こちらは「chop」であり「chap」

と綴りが異なる。

いずれにしても不自然だし、日本人が作る／使う英文としては、マニアックに過ぎる。つまりは、「よどみ萎え、枯れて舞え」「愛倫浮気症」同様、そこに意味などなく、単に「チャップ・チャップ・チャップ」という響きとリズムが欲しかっただけなのだろう。

注目したいのは、この「♪chap, chap, chap」が、もうすでに英語ですらないという事実である。

「♪愛苦ねば」の背景には「I could never」という英語があったはずで、「愛倫浮気症」の背景には「Irene Bouquet Show」（?）のような英語（的な音列）があったはずだ。

それらを超えて「♪chap, chap, chap」は、アルファベットで書かれているものの、単に「チャップ・チャップ・チャップ」なのである。意味もなければ言語でもない、まるっきり純粋な音の塊《かたまり》——。

ここに見られるのは、意味だけでなく言語の縛りからも解放された、動物的音楽家としての桑田佳祐である。そして、この曲が収録された、初期の最高傑作アルバム『人気者で行こう』の価値の本質が、このような桑田の動物性にあることを、私は確認するのだ。

8. サザンオールスターズ《夕方 Hold On Me》

作詞：桑田佳祐、作曲：桑田佳祐、編曲：サザンオールスターズ、管編曲：新田一郎
アルバム『人気者で行こう』収録、1984年7月7日

「夕方 Hold On Me」「相方 Hold On You」

「詩」と「詞」の違いを痛感する歌い出しである。この歌詞を、音楽なしで朗読したところで、ほとんど何の感情も沸き立たないのではないか。しかし、この曲の爆発的なホーン・イントロを継いで、「♪夢でいいじゃないか」と、とても高い音程でシャウトされたら、一気に盛り上がる。つまりは「詩」ではなく、「詞」だということだ。

傑作アルバム『人気者で行こう』、その傑作面であるB面の2曲目。この《夕方 Hold On Me》を引き立てているのは、その前＝B面1曲目の《海》である。《海》→《夕方

Hold On Me》だからいい。逆に《夕方 Hold On Me》→《海》だったらちょっと平凡だ。《海》がフェードアウトした後に、爆発的なイントロがけたたましく鳴り響くのがたまらないのだ。

『人気者で行こう』の良さは、この曲の冒頭「♪夢でいいじゃないか」のシャウトに象徴される「ふっきれた感」である。アルバム『NUDE MAN』（82年）も、前年の『ステレオ太陽族』の大人っぽさからふっきれた感があるが、『NUDE MAN』が、まだ、少しばかりから騒ぎのように聴こえるのに対し、『人気者で行こう』の方は、より本質的／実体的にふっきれている感じがする。

「♪夕方 Hold On Me」というフレーズも、色んな意味でふっきれている。日本語と英語の間で悩んできたボーカリスト・桑田佳祐。悩んだあげくに「英語的に響く日本語を選ぶ」というコロンブスの卵を発見した。

それが「夕方」=「you've got a」である。発見がよほど嬉しかったのか、もしくは、この方法論が理解されるかどうか不安だったのか、ご丁寧にも歌詞カードの「夕方」のところに「you've got a～みたいに受け取って下さい」と補足されている。

つまり「夕方 Hold On Me」=「you've got a hold on me」となる。ミラクルズ62年の

ヒットで、ビートルズのカバーでさらに有名になった《You've Really Got A Hold On Me》の影響下にあるフレーズだろう。

実は、「夕方」を「you've got a」と発音する方法論は、桑田佳祐がオリジナルではない。小坂忠のアルバム『HORO』(75年)収録の《ゆうがたラブ》ではすでに「夕方」が「you've got a」ぽく発音されているし、また近いところで原由子には(こちらは、おそらくキャロル・キング《You've Got A Friend》になぞらえた)《夕方 Friend》(83年)という曲がある。

それでも、上のF♯から始まる高い音程で「♪夢でいいじゃないか　今にも夕方 Hold On Me (you've got a hold on me)」とシャウトされると、理屈抜きで吸い込まれてしまう。日本語と英語の面倒くさい関係からふっきれた桑田佳祐の声によって、私自身も心がふっきれるのを感じるのだ。

野暮ながら補足しておけば、続く「相方」は「I've got a」で、「曖昧な」は「I might not」(歌詞カードに補足あり)、「有名な」は「You may not」か。

「You know my part's longin'」

《夕方 Hold On Me》のふっきれた感については、「夕方 Hold On Me」＝「you've got a hold on me」という、日本語⇕英語の置き換えフレーズだけでなく、英語フレーズにも感じる。それまでのような借り物感の強い英語ではなく、何というか、英文の作り方や発音も含め、堂々と（当時っぽいレトリックで言えば）「英語している」のだ。

桑田佳祐が英語を学び始めたことが大きかったのではないだろうか。自著『ケースケランド』（集英社文庫）では、82年の段階でこう書いている。

　最近私、英語習い始めたんです。その先生というのが女性ふたりで、1回おきに交代でマンツーマンで私をおいしそうにいたぶるんです。
　ひとりがボリビア人で、もう片方がニューヨークの黒人。

例えば、アメリカ進出前の矢沢永吉などに比べると、桑田佳祐は、そもそもデビュー時からかなり「英語していた」が、それでもアルバム『綺麗』以前は、まだ借り物の英語という感じに聴こえた。しかし、《夕方 Hold On Me》では、そんな「英語コンプレックス」からもふっきれている様子だ。

主なフレーズは、

1.「♪You oughtta know by now」
2.「♪Why do we do? You know my heart's beatin'」
3.「♪My love is you. You know my part's longin'」

まずは「♪You oughtta know by now」。「oughtta」(oughta)=「ought to」という、日本人にはあまり馴染みのないフレーズを使っているところから、これまでとは異なる、英語への本気度を感じさせるものだ。意味は「あなたはもう知っているはず」くらいの意味だろうか。

ただ、このフレーズにどこか見覚えがあれば、その方はなかなかの音楽通だろう。実は八神純子のヒット曲《パープルタウン》(80年)の正式タイトルが《パープルタウン～You Oughta Know By Now～》なのだ。

《パープルタウン》のリリース後、レイ・ケネディというシンガーの曲《You Oughta Know By Now》の盗作ではないかという騒ぎが起こり、結局《パープルタウン》に、サブタイトル「You Oughta Know By Now」と、レイ・ケネディ他2人の作曲者クレジットが加えられることとなったのだが。

なので、「♪You oughtta know by now」については、もしかしたら、《パープルタウン》から引用した可能性もなくはない。ただ、それにしても「I love you」とか「Hold me tight」レベルのベタな英語ではないことは確かだ。

「Why do we do? You know my heart's beatin'」と「My love is you. You know my part's longin'」については、さらに「英語している」。直訳は避けるが、かなりセクシャルな意味が込められている模様。ただ、ここで注目したいのは、意味よりも響き。見事に韻が踏まれているところである。「do」と「you」、「heart's」と「part's」、「beatin'」と「longin'」。

さらには英語の発音も、かなりこなれているように感じる。ボリビア人とニューヨークの黒人に「いたぶられた」甲斐もあったというものだ。

とにかく、ベタではないフレーズで、セクシャルな意味を込めながら、さらには韻もしっかりと踏んで、こなれた発音で歌う――桑田佳祐が悩みに悩んだ日本語と英語のジレンマから解放され、堂々と「英語している」。そんな感じがする。

サザンオールスターズは、この年の秋には、ロスアンジェルス録音で全編英語のシングル《Tarako》をリリース。KUWATA BANDのアルバム『NIPPON NO ROCK BAND』（86年）は歌詞が全編英語。そして87年にはソロ桑田佳祐として、コカ・コーラのキャンペーンで、ダリル・ホール&ジョン・オーツと《SHE'S A BIG TEASER》を録音。もちろんこの歌詞も英語。

しかし、桑田佳祐の英語歌詞の追求は、そこで一旦終止符が打たれる。英語へのこだわりからふっきれるのだ。当時の私は思ったものだ。英語で歌って、世界を相手にすることなど、「夢でいいじゃないか」と。

なぜならば、もし90年代以降、もし桑田佳祐が英語歌詞を歌い続けていたならば、この本は作られていなかったのだから。

9．サザンオールスターズ《夕陽に別れを告げて〜メリーゴーランド》

作詞：桑田佳祐、作曲：桑田佳祐、編曲：サザンオールスターズ＆大谷幸
アルバム『ＫＡＭＡＫＵＲＡ』収録、１９８５年9月14日

「遠く離れて　High-School　揺れる想い出」

ほとばしる才能とありあまるエネルギーが、これでもかこれでもかと詰め込まれた２枚組アルバム『ＫＡＭＡＫＵＲＡ』の「Ｄ面」（＝ＬＰ２枚目のＢ面）に収められた青春郷愁ソング。

才能とエネルギーが横溢した結果、聴き手にもある種の緊張感を強いる『ＫＡＭＡＫＵＲＡ』なのだが、Ｄ面２曲目というフィナーレに近いところで、この曲が流れると、その緊張感が程よく弛緩する。言わば、アルバム『ＫＡＭＡＫＵＲＡ』のオアシスのよ

うな曲である。

『KAMAKURA』の中で「鎌倉」というフレーズが歌詞に入っているのは2曲。この曲と《鎌倉物語》のみ。その意味では一種の「タイトルチューン」と言っていいだろう（なお《古戦場で濡れん坊は昭和のHero》には鎌倉の「極楽寺」が出てくる）。

『サザンオールスターズ公式データブック 1978-2019』（リットーミュージック）によれば、アルバムが『KAMAKURA』と命名された理由は、「桑田が、撮影で鎌倉に滞在した際、自分は一回りしてここに帰ってきたような気分になり（彼が通った高校は北鎌倉駅の隣りにあった）、インスピレーションと勇気が湧いてきたから」だという。

「北鎌倉駅の隣りにあった」桑田佳祐の母校、つまり歌詞「遠く離れて High-School」の「High-School」は建長寺の隣りにある鎌倉学園高校（通称「鎌学」）だ。前身「宗学林」が明治18年（1885年）創立なので、すでに130年以上の歴史を誇る。そしてアルバム『KAMAKURA』は、鎌学創立100年の年にリリースされたことになる。

大衆性と実験性の狭間で、様々なアイデアを次から次へと繰り出した初期サザンオールスターズ（私の定義ではデビューから『KAMAKURA』まで）。そのリーダーである桑田佳祐は、強烈なプレッシャーに苛《さいな》まれ続けたことだろう。

プレッシャーの果てに、初期の総括とも言える『KAMAKURA』の制作時、「一回りして」母校がある原点の地＝鎌倉に「帰ってきたような気分」になりたかったのも、よく分かるところだ。

青春郷愁という間口の広いテーマの歌詞だけでなく、メロディやコード進行も至ってシンプルであり、その意味でも「アルバム『KAMAKURA』のオアシス」にふさわしい。

長引くレコーディング（1981年の『ステレオ太陽族』以降、サザンのアルバムは7月発売が恒例となっていたが、レコーディングが延びた結果『KAMAKURA』は9月発売となった）、当時普及し始めたデジタル機器との悪戦苦闘、煮詰まっていくスタジオの空気——そんな中、鎌学時代への郷愁を歌うシンプルでベタな曲を、桑田佳祐の身体が欲したのではないだろうか。

この曲が契機となったのだと思う。『KAMAKURA』をリリースして一旦活動を休止した後、88年に『みんなのうた』で復活した新生サザンオールスターズは、特にシングル曲の多くで、シンプルでベタな曲を押し出していく。言い換えると、実験性が一段後退して大衆性が前面に出るようになる。

「♪遠く離れて　High-School　揺れる想い出」――この歌詞は、大げさに言えば一億人に開かれている。似たようなテーマでも、大学生時代を想う《Ya Ya（あの時代《とき》を忘れない）》より、さらに間口は広い。90年代以降、記録的な売上を次々と更新し、国民的バンド＝「メガ・サザン」となっていく予兆が、この曲にはすでにある。

「独り身の辛さを　音楽《おと》に託して　お互いに笑いあえる」

フジテレビ系で放映された『桑田佳祐の音楽寅さん～MUSIC TIGER～』という番組があった。２００１～02年と、09年という2期にわたってレギュラー放映されたもので、桑田佳祐とユースケ・サンタマリアを中心とした、かなりコアな音楽バラエティ番組だった。

その第2期の第10回「トラジェクトX～知られざる性春時代～」で、桑田佳祐が母校・鎌倉学園（鎌学）を訪れるという企画があり、その中で桑田佳祐は、ギター・斎藤誠、キーボード（ピアニカ）・片山敦夫を従えた小編成で、ザ・バンド《ザ・ウェイト》（68年）、レオン・ラッセル《タイト・ロープ》（72年）、ニール・ヤング《ハート・オブ・ゴールド》（72年）をカバーするのだが、この映像がなかなかいい。

特に《タイト・ロープ》は、鎌学の音楽室での収録。学生服を着てレオン・ラッセル風に熱唱する桑田佳祐の姿には、ありし日のロック好き鎌学生＝桑田少年の面影が残っていた。

桑田少年は71年に鎌学に入学。茅ヶ崎一中では野球部で（サイドスローの投手だったという）、鎌学でも野球部入部を検討するも、部員の人数に怖れをなし断念。徐々にロックの方にのめり込み、ビートルズ・フリークとして校内で知られるようになる。

「♪独り身の辛さを　音楽《おと》に託して」のフレーズからは、彼女のいない鎌学生が、悶々としながら、ビートルズやアメリカンロックのレコードに針を落としている切ない姿が想像できる。

また「♪お互いに笑いあえる」というフレーズから想像できるのは、そういう男子高校生が徒党を組んで、毎日・毎晩、ロックとオンナの話をしてつるんでいる姿だ。

これら一連のフレーズは、《Ya Ya（あの時代《とき》を忘れない）》の「♪互いにギター　鳴らすだけで　わかりあえてた奴もいたよ」のフレーズの姉妹作としても受け取れる。

ただし、《Ya Ya》のフレーズから想起されるのは、青山学院の教室で、それなりに小綺麗な男女によるバンド練習風景だが、この《夕陽に別れを告げて》の方は、むさい男子高校生たちがワチャワチャしている姿だ。ギターを持っているものの、まだコードすらおぼつかない。そして20歳未満にもかかわらず、タバコと酒の香りさえする。

思うのは、このような、ロック少年たちがギターを持ってワチャワチャするという姿が昨今、絶滅しつつあるのではないかということだ。音楽制作の舞台が、バンドからデスクトップに移行し始めて久しい。若者が集ってワチャワチャして作る音楽から、個人がPCをカチャカチャして作る音楽へ。

別に、そのことを否定するつもりはないし、ワチャワチャからカチャカチャへの移行も、歴史的必然として私は捉えている。ただ、でもやっぱり、音楽制作にはワチャワチャが必要じゃないか。そう思うのは、単なるオヤジの懐古趣味ではないと信じる。

人と人が、アイデアを出し合い、意見をぶつけ合いながら作った音楽はタフだ。そして、桑田佳祐の音楽、特に『KAMAKURA』までのサザンオールスターズの音楽には、そういうタフさが充満している。クリエイティブとはそういうことだと思う。

鎌倉の山の中、建長寺の隣の教室で、ロックに首ったけの桑田少年が、ロック仲間とワチャワチャしながら、自らの音楽性を育んだ3年間。そのフィナーレが、映画『茅ヶ崎物語〜MY LITTLE HOMETOWN〜』で描かれた、73年10月、県立鎌倉高校での文化祭でのライブである。

ギターをつるすストラップがなかったため、桑田は荒縄でフォーク・ギターをつるしてステージに登場。「マネー」を皮切りに、ビートルズ・ナンバーを次々と精力的に歌いまくった。このステージが桑田佳祐の初ライブパフォーマンスと考えられる。

（桑田佳祐『ロックの子』）

9．サザンオールスターズ《夕陽に別れを告げて～メリーゴーランド》

「もう逢えないのだろう　My friends　瞳の奥で泣く」

「センチメントとメランコリーを持っていること」――2019年12月27日にNHK総合で放送された『陽水の50年～5人の表現者が語る井上陽水～』において、松任谷由実が語った、自分と井上陽水の音楽の共通点である。

「感傷～切なさ」という意味合いの「センチメント」と、「憂鬱～哀しさ」の「メランコリー」。私が思うのは、この2つは、何も松任谷由実と井上陽水の音楽に限ったものではなく、日本の大衆音楽における根源的な情緒価値ということだ。

「センチメント」の感覚を象徴している曲は、日本唯一の米国ビルボード・ナンバー1

ソングである、坂本九《上を向いて歩こう》だろう。特に大サビ「♪幸せは　雲の上に～」からのところは、世界にとどろいたジャパニーズ・センチメントだと思う。

細かく区分すると、歌謡曲・演歌では「メランコリー」の配合比率の方が高かったのだが、ロックやニューミュージック、Jポップにおいては「センチメント」に偏ってくると考えるのだが。

もちろん桑田佳祐の歌詞も同様である。桑田の歌詞世界は途方もなく広大なものの、その中でも、最も大きな区画を占めている情緒・情感は「センチメント」と「メランコリー」だ。

「桑田メランコリー」の代表作を例えば《東京》（02年）とするならば、「桑田センチメント」の代表作が《夕陽に別れを告げて》で、その歌詞の中でも最高の「桑田センチメント・フレーズ」がこの「もう逢えないのだろう　My friends　瞳の奥で泣く」だと思う。

30歳に近付いてきた桑田佳祐が、10代の青春を振り返る。北鎌倉で過ごした3年間を思いながら、年を取った誰もが気付くように、桑田も、ある決定的な事実に思い至るのだ――「あいつとあいつ、そしてあいつにも、もう一生逢うことがないんじゃないか？」

　そういう感覚を、ジトジトとメランコリックに歌い上げるのではなく、さらっとしたメロディ、さらっとしたコード進行、そして、「My friends」という、さらっとした言葉遣いで歌うことで、「桑田センチメント」が最高潮に達するのだ。

　また「瞳の奥で泣く」がいい。「瞳の外で泣く」と「メランコリー」が強すぎる。そうではなく「瞳の奥」。これが高校時代のワチャワチャにふさわしいし、桑田佳祐らしいと思う。

　センチメンタルに青春を振り返りながら、大騒ぎと胸さわぎの「初期サザン」が幕を閉じる——。

第二章　米国《アメリカ》は僕のヒーロー（1986〜2010）

10. KUWATA BAND《スキップ・ビート（SKIPPED BEAT）》

作詞：桑田佳祐、作曲：桑田佳祐、編曲：KUWATA BAND
シングル、1986年7月5日

「スキップ・ビート」

サザン／桑田佳祐関連で、個人的に最も心理的距離を感じる作品は、KUWATA BANDのアルバム『NIPPON NO ROCK BAND』（1986年）である。

KUWATA BAND（クワタ・バンド）について、特に若い方には説明が要るだろう。サザンの活動休止を受けて、86年の4月から1年という期間限定で活動したユニットで、メンバーは桑田佳祐（ボーカル）、河内淳一（ギター、ボーカル）、松田弘（ドラムス、ボーカル）、今野多久郎（パーカッション、ボーカル）、小島良喜（キーボード、ボーカル）、琢磨仁（ベース、ボーカル）の6人。

サザンからは松田弘が参加しており、ドラマー・松田に対する、桑田佳祐の信頼の度合いがうかがえるのだが、それはともかく、彼らによるアルバム『NIPPON NO ROCK BAND』に対して、私にはなかなか思い入れられないのである。

まず大きなネックは全編英語詞となっているところ。ただ、それは根本的なネックではないとも思う。サザンの《Tarako》（84年）などは、英語詞だけれど、十分にシンパシーを感じるのだから。

思い入れられない本質的な要因は、サザン／桑田佳祐作品に必ずインストールされている「憧れの乾いた洋楽を、湿った日本の風土にアダプテーションする工夫」が足りない点にある。

言い換えると「憧れの洋楽をそのまんま再現した作品」であり、必然的に（日本人の）リスナーは、洋楽を再現して喜んでいるメンバーを、遠目から見ているような疎外感を抱いてしまうのだ。

当の桑田佳祐も、KUWATA BANDについて、こう語っている。

たとえば、スティーリー・ダン風のものが欲しいって言うと、本当にスティーリー・ダンになっちゃうんだよ。「あらーっ」て感じで。それは嬉しいんだけど、発表は出来ないんだよ、発表したら笑われちゃうほどスティーリー・ダンだから。（桑田佳祐『ブルー・ノート・スケール』ロッキング・オン）

この発言をよく読めば、2人の桑田佳祐が作動していることが分かる。1人目は、ぶっちゃけサザンよりも腕利き・手練れのメンバーと一緒に、憧れの洋楽をまんま再現することを、手放しで喜んでいる「音楽人」としての桑田。そしてもう1人は、洋楽まんま再現の商品性を疑う「商売人」としての桑田。

音楽にかける除湿機と加湿器があるとして、それまでの桑田佳祐は、除湿機を強く利かせた洋楽に憧れつつ、自らが世に出す音楽は、憧れのカラッカラな音を加湿器に浸して、（当時の）日本に馴染ませることで成功を収めていた。

しかし、サザンも一段落したところで、煮詰まった気持ちもあったはずだ。「除湿機をギンギンに利かせたカラッカラの音楽を、そのまま出してもいいだろう」という気持ちで、心機一転、世に問うたのが『NIPPON NO ROCK BAND』ではなかったか。

さらにしかし、である。そう割り切って『NIPPON NO ROCK BAND』を制作しながらも、2人目の桑田佳祐が「果たして、こんなんでいいのだろうか?」と自問自答し始めたのか、それとも単なる商売上の強い要請があったのか、シングルについてKUWATA BANDは、歌詞も日本語にして怒濤のポップ路線を突き進む。

怒濤のポップ路線の最大の成果物が《スキップ・ビート》である。驚くなかれ、あの無敵の初期サザンが成し得なかったオリコン1位を、いとも簡単に獲得してしまう(後にサザンは89年の《さよならベイビー》でオリコン1位を獲得)。

そして、《スキップ・ビート》大ヒットの最大要因が、このタイトル「スキップ・ビート(SKIPPED BEAT)」を「♪スケベー・スケベー・スケベー」と発音するという、シンプルかつ奇天烈なアイデアにあるのだから、「商売人」桑田、恐るべしである。

また、その「♪スケベー」に添えられるのが「♪割れたパーツのマニア」「♪君にとりこの純生《なま》ジュニア」という「桑田語」。これらは(物理的に)湿っている。加湿器がベッドの上で、ギンギンべっとりと利いている。

「KUWATA BAND」という新しい舞台の上で、洋楽と邦楽、除湿機と加湿器、音楽人と商売人が交わっている。これらの対立概念を交わらせ、まぐわらせているのは、桑田流の暴力的な発想に他ならない。ただ「暴力的」といっても、それはテロではない――エロだ。

「いろんな女 corner, 可憐な女ばかり」

しかし、《スキップ・ビート》が「怒濤のポップ路線」だといっても、やはりサザンの楽曲とは異なり、むき出しの洋楽性を強く感じさせる。言い換えると、サザン楽曲に比べて「洋楽への迫り方が洋楽的」なのだ。

注目するのは、歌い出しすぐに出てくる「♪いろんな女 corner, 可憐な女ばかり」というフレーズ。これを単に棒読みしても、リズム感は沸き立ってこないが、桑田佳祐のボーカルを通して聴けば、この文字列が躍動するのが分かるだろう。

よく聴いていただきたい。桑田佳祐は、この「♪いろんな女」をストレートに歌わず「いろんな・んな・んな」と歌っている。同様に「♪可憐な女」を「♪かれんな・んな・んな」と発音している。

この歌い方によって、リズム感が沸き立ってくる。特に「♪んな・んな」の「な」が、裏拍という洋楽的リズム感を決定付ける符割りになっていて、歌うだけでグルーヴが生まれる仕立てになっている（ぜひ試しに歌っていただきたい）。

《スキップ・ビート》において桑田佳祐は、この「♪んな・んな」唱法を執拗に繰り返す。続く「♪野蛮な女」は「♪やばんな・んな・んな」、「♪美人な女」は「♪びじんな・んな・んな」。2番では「♪自然な女」「♪夕べの女」と、「んな・んな女」がウヨウヨ出てくる。

さらにBメロの「♪ただ Ma Ma Ma Ma　どう言うの？」の「♪Ma Ma Ma Ma」も裏拍で「♪んな・んな」と連携しているし（余談だが「♪どう言うの？」は「Do you know?」的な発音となる）、1番Aメロの「♪Lennon（が流れる Rock Cafe）」と「♪タレント（まがいの Disco Step）」という「n（ン）」を使った単語の連発も、「♪んな・んな」と相乗効果を生んでいる。

先に書いた「洋楽への迫り方が洋楽的」という抽象的な表現が、具体的に理解していただけただろうか。言いたかったのは、演奏やアレンジという「外見」ではなく、日本語という邦楽の「背骨」をロック的なリズムに組み立て直して、洋楽的なグルーヴを醸し出しているということである。

おそらく、手練れのメンバーを集めたことで、サザンのときよりも、音作りの手離れが良かった分、このような細かい仕掛けに向ける時間とエネルギーを捻出できたのだろう。日本語の言葉遣いと符割り、発声に、桑田佳祐の創造性が花開いている。

「手離れの良さ」はその後、桑田佳祐の創造性をさらに開花させていく。KUWATA BANDに続いて、桑田の手から離れた音作りのあれこれを受け止めるのは、藤井丈司、小林武史の「Wたけし」だ。

「I love your guitar. Play some more to me.」

これは、ギターソロの前に桑田佳祐がシャウトするフレーズである。このシャウトが《スキップ・ビート》のピークの1つである。「お前のギター、好きだよ、ちょっと弾いてくれよ」くらいの意味か。

続くのが、KUWATA BANDのメンバー・河内淳一によるギターソロである。このギターソロは掛け値なく素晴らしい。指使いもフレージングも最高のギターソロだと思う。

どうしても比べたくなるのは、サザンの（当時の）メンバー＝大森隆志のギタープレイである。私は、例えば《旅姿六人衆》や《吉田拓郎の唄》などにおける大森のプレイを愛する者だが、単純に完成度だけで比較すれば、河内淳一によるこの曲のソロの方が、数段上を行くだろう。

「I love your guitar. Play some more to me.」というシャウトには、このギターソロに象徴される完成度の高い演奏をバックにして歌える桑田佳祐の喜びが、埋め込まれている感じがする。

《スキップ・ビート》のピークはもう1つある。ギターソロの間奏が終わり、サビの次に「♪Woman, Say!! Yeah.」を4回繰り返した後に放たれる、英語・日本語のちゃんぽんシャウトである。

——♪Rock and Roll, we like it!! 俺の大好きなPower

この2つのシャウト＝「I love your guitar. Play some more to me.」「Rock and Roll, we like it!! 俺の大好きなPower」を聴いて思い出すのは、この曲から8年さかのぼった78年発売のデビュー曲《勝手にシンドバッド》における、ギターソロの前のシャウト

「Music, Come on back to me, yeah!」(という感じに聴こえる)だ。

同じように、曲の中盤で放たれるシャウトだが、《勝手にシンドバッド》の「Music, Come on back to me, yeah!」に比べて、《スキップ・ビート》の2つのシャウトの方が、洗練されていて、かつ曲の中で見事にハマっているという感じがするのは、私だけだろうか。

それは、《勝手にシンドバッド》からの8年間に、(主に桑田佳祐の功績によって)私含めた一般リスナーが、英語的シャウトを受け入れられるようになったからかもしれないし、また桑田佳祐自身の「シャウト・テクニック」の進化もあったのかもしれない。

ただ、1番大きな要因は、桑田佳祐が、自らのシャウトを何倍も魅力的に盛り立てるメンバーを、自らの力で引き寄せ、従えたことだろう。

「I love your guitar. Play some more to me.」「Rock and Roll, we like it!! 俺の大好きなPower」——桑田佳祐が、KUWATA BANDをバックに、心から気持ちよくシャウトしている。シャウトしているときに桑田佳祐の心の中に去来したのは達成感か、もしくは、ピークの向こう側にある、決してそれ以上に高まることのないことを見定めた虚無感だろうか。

先の桑田佳祐のコメントを再掲する――「それは嬉しいんだけど、発表は出来ないんだよ、発表したら笑われちゃうほどスティーリー・ダンだから」。

平成に入って以降、KUWATA BANDは再結成されていない。

11. 桑田佳祐《遠い街角（The wanderin' street)》

作詞：桑田佳祐、作曲：桑田佳祐、編曲：小林武史 with 桑田佳祐、藤井丈司
アルバム『Keisuke Kuwata』収録、1988年7月9日

「今でも忘られぬ日々」

1988年のアルバム『Keisuke Kuwata』を聴いたときの衝撃は忘れられない。もちろん音楽そのものも、とても優秀なものと感じたのだが、それより何より「音がきれいだ！」と驚いたのである。

発売されたのは、私が大学3年生の夏で、ちょうどその頃、私はCDプレイヤーを買ったのだ。周りはもうみんな持っていたので、タイミングとしては少し遅かったのかもしれない。そしてサザン／桑田佳祐系の音源で、レコードではなく、初めてCDで手に

入れたのが、このアルバムなのである。

なので、「音がきれい」と思った主な理由は、CDで聴いたからなのだが、しかし音質だけではなく、肝心の音作りそのものも、とても丁寧に端整に組み立てられた音で、それも「きれい」と思わせる大きな要因だったのだ。

このあたり、クレジットに名を連ねている2人の「たけし」=小林武史、藤井丈司、特に小林の貢献が大きかったのだろう。デジタルとアナログのバランスに配慮した、丁寧で端整な音作りは、90年代、後のサザン、ひいては「Jポップ」の音を規定することとなる。

このアルバムで1曲選ぶとすれば。《遠い街角（The wanderin' street）》か《いつか何処かで（I FEEL THE ECHO）》だろう。どちらも「桑田センチメント」溢れる作品である。ここでは前者=《遠い街角》の歌詞を、じっくりと味わっていくこととする。

まず、1番に出てくる「♪今でも忘られぬ日々」というフレーズで、いきなり「桑田センチメント・ワールド」に連れて行かれる。ここで注目したいのは「忘られぬ」という文字列である。桑田ファンには耳馴染みがあり過ぎて、違和感なく入ってくるものだが、日本語としては、ちょっとおかしい。

11. 桑田佳祐《遠い街角（The wanderin' street）》

本来なら「忘れられぬ」である。さらには「ぬ」がやや古めかしいので「忘れられない」とするのが最も自然だろう。しかし桑田佳祐は執拗に、頻繁に「忘れられぬ」を使うのである。

・《Ya Ya（あの時代《とき》を忘れない）》：「♪Pleasure, pleasure, la la, voulez vous　忘られぬ日々よ」
・《Bye Bye My Love（U are the one）》：「♪Oh, my dear one 忘られぬ物語」
・《MERRY X'MAS IN SUMMER》：「♪Show me please.　忘られぬ　ああ夏の日よ」
・《希望の轍》：「♪巡る巡る　忘られぬメロディライン」

主なところを挙げれば、これらの曲で「忘られぬ」を使っている。初期の曲だけを挙げてみたが、2019年リリースの《愛はスローにちょっとずつ》でも使っており、つまりは、全キャリア通じての「桑田語」。

新古今和歌集に「過ぎにける　世々の契りも忘られて　いとふ憂き身のはてぞはかな

き」という歌もあり（式子内親王）、「忘る」（わする）という言い回し自体は、決して桑田佳祐の造語ではないのだが、それにしても、新古今和歌集の成立から数百年経った現代においては、かなり個性的な言葉遣いと言わざるを得ない。

ただ、私だけだろうか。「忘れられない」という馴染みのある表現より、「忘られぬ」の方にセンチメントが喚起される感じがするのは。しみったれてウジウジした男の湿気を痛烈に感じるのは。

「別れた駅に降り立つたび　振り返る　街角」

「忘られぬ」——この4文字、読みで5文字で、リスナーは首根っこを掴まれて、「桑田センチメント・ワールド」に連れて行かれる。そして次なる「♪甘くてしびれるような恋もした」で、そのセンチメントは一気に輪郭付けられ、「忘られぬ」ものが、若かった頃の恋愛の思い出だったことが鮮明になる。

「♪甘くてしびれるような恋もした」が「二の矢」だとすると、「三の矢」は「♪別れた駅に降り立つたび　振り返る　街角」である。この「駅」がいい。「駅」という具体的な事象が入ることによって、歌詞に奥行きが生まれる。

私の個人的な脳内映像感覚で言えば、10代の桑田佳祐少年をアップで映しているカメラが、クレーンかドローンで、一気に高いところに移動、引いた絵面《えづら》になる。すると、桑田少年は、どこかの駅のホームに立っている。

桑田佳祐少年はおそらく鎌倉学園の高校生。駅は国鉄（当時）の大船駅だ。桑田少年は毎日、茅ケ崎駅から大船駅まで東海道線で来て、大船駅で横須賀線に乗り換えて1駅のところにある北鎌倉駅で降りて、ウネウネと歩いて鎌倉学園に通っている。

相手は何かのキッカケで知り合った清泉女学院高校の女の子だ。横浜あたりで映画デートをするも不発で、大船駅で2人は別れた。それから数年経った秋、桑田佳祐は大学生になり、当時のことを思い出して、大船駅で降りてみる。

今でもそうだが、70年代の大船駅前と言えば、庶民的な雰囲気だ。駅前の目抜き通りで、清泉女学院の彼女がいるかと、ふと振り返ってみる。しかし、そこには秋風が吹いているだけ――と勝手に妄想してみたが、どうだろうか。

言いたいことは、この「駅」という設定が入ることで、リスナー各自が、思い思いの「妄想映像」を脳内に作り出すことができるのではないかということだ。

リスナー一人ひとりの記憶の奥底に眠る「別れた駅」の映像――。

　さて、よく聴けば分かるのだが、この《遠い街角（The wanderin' street）》には、コーラスで竹内まりやが参加している。竹内は、『Keisuke Kuwata』リリース前年の87年、中森明菜に提供した《駅》をセルフカバーしている。

《駅》の歌詞世界は、「♪見覚えのあるレインコート」に始まり、「♪ラッシュの人波」に至る、極めて具体的な情景描写が利いていて、リスナーに均質な脳内映像を喚起した結果、大ヒットに至った。

　対して、《遠い街角》からの脳内映像は、今風に言えば「ふわっと」している。「ふわっと」しているからこそ、破壊力には欠けるが、その分、イマジネーションを広げられる。人々が思い思いの「妄想映像」「経験映像」を描くことができる。

　聴いた一人ひとりが、思い思いのセンチメンタルな映像を脳内で描けるような、イマジナティブで「ふわっと」した歌詞世界。それが桑田佳祐流作詞術のポイントの1つなのではないだろうか。

「また逢うことを信じても　あの場所には帰れない」

「♪友達だけで最後の夜に」に続くのが、この「♪また逢うことを信じても　あの場所には帰れない」。「最後の夜に」という言葉の意味合いが分からないけれど、分かる。「♪友達だけで」「♪また逢うことを信じても　あの場所には帰れない」で文章は成立する。

ただ、それに加えて「最後の夜に」という、意味合いは不鮮明だが、字面《じづら》として強力な5文字がスパイスとして加わってくることで、「桑田センチメント」が倍増するような気がするのだが、どうだろうか。

アルバム『Keisuke Kuwata』における「桑田センチメント」という意味では、《いつか何処かで（I FEEL THE ECHO）》も忘れられない。こちらも「逢う」という動詞が使われている――「♪今でも逢いたい　気持ちでいっぱい」。

この「♪逢いたい」も、「♪また逢うことを信じても　あの場所には帰れない」同様、実際には決して逢えなさそうだ。逢いたい、けど逢えない。《遠い街角》と《いつか何処かで》で、88年版「桑田流『逢えない』センチメント」が極まっている。

『Keisuke Kuwata』の歌詞カードの裏表紙を見る。狭い部屋に楽器や機材が雑然と置かれていて、その中央に桑田佳祐が椅子に座ってこっちを見ていて、左側に寝そべっている藤井丈司、右側で本を読む黒髪が小林武史。

当時、この写真を見て、「音楽男子の理想郷」だと思った。一度でいいから、こういうスタジオで、気の合う仲間と音作りをしてみたいと思ったものだ。

桑田佳祐自身も、そういう最高な気持ちだったのではないか。ツーと言えばカーと答えるプロフェッショナル＝藤井丈司と小林武史という2人の「たけし」がそばにいる制作過程。

87年刊行の『ブルー・ノート・スケール』によれば、つい3年前の『KAMAKURA』のときに桑田佳祐は、こんなにひどい思いをしていたのだから。

歌詞もスタジオの中で作るの。少なくとも十六、七曲は録らなくちゃいけないから。その十六、七曲のために二十日間ある、詞は一曲も出来てない。しょうがない、かたっぱしから書いてくしかないの。テーマも何もなくて（笑）。歌入れの二時間前から書き始めて、出来上がったらすぐコピーして、即歌っちゃうわけ。

なんか、レコーディングという作業に対して他人行儀じゃいられなくなるの。もう、コンソールなめちゃうみたいな感じになる。あの一つ一つのボタンを。それまでは煙草吸いながらミキサーに「あー、この辺もうちょっと上げて」とかやってるじゃない。そんな余裕なんかなくなるもんね。もう、舌でフェーダー持ち上げてやろうかと思った（笑）。ホントよ。コンソールが女に見えてくる。突起物がすべていやらしく見えてくるんだ（笑）。

2人のプロフェッショナルとともに、傑作《遠い街角》と《いつか何処かで》を完成させたとき、桑田佳祐の心の中に、2つの決断が生まれたのではないか――「『KAMAKURA』までの初期サザンに色濃かったアマチュアリズムとは、もう決別だ」、そして「歌詞世界はどんどん広げるも、そのど真ん中にあるのはセンチメントだ」。「これで行ける」と確信したのだろう。その確信から、平成を席巻する「メガ・サザン」「メガ桑田佳祐」が生まれる。その確信は、桑田佳祐の気持ちの中で、令和の今もそうは揺らいでいないはずである。

12. 桑田佳祐《真夜中のダンディー》

作詞：桑田佳祐、作曲：桑田佳祐、編曲：桑田佳祐、片山敦夫
シングル、1993年10月6日

「他人《ひと》の顔色だけを窺い拍手をあびて」

時代は平成となり、1990年代に入る。94年に発売された桑田佳祐のソロアルバム『孤独の太陽』は、サザンオールスターズも含めた桑田佳祐の全アルバムの中でも、特異な印象を残す作品である。アコースティック楽器を前面に出したシンプルなアレンジに、あまり加工されない生々しいボーカルが重なる。そして歌詞も生々しく、端的に言えば——暗い。

それもそのはずで、当時（94年の2月）桑田佳祐は母親を亡くしているのである。ま

だ60歳だったというから、喪失感はいかばかりか。さらには、スケジュールの関係で、お葬式の準備の合間、母親の棺の横で作った曲もあるというのだから、明るくポップな曲など生まれるわけもなかろう。

ただその分、個人的には好きなアルバムでもある。特に生々しくミキシングされたボーカルがたまらない。桑田ボーカルのパワーやテクニックが、80年代に比べて、一段上に行っている印象がある。このあたりから、ボーカリストとしての実力が、作家としての才能と拮抗している。

前年の93年にシングルカットされ、キリンビバレッジの缶コーヒー「JIVE」のCMソングとして親しまれたのがこの曲。71万枚を売り上げる、かなりのヒットとなったのだが、桑田佳祐独特の唱法も邪魔（?）をして、歌詞世界が深く理解されているとは思い難い中、今回も歌詞の中での注目フレーズごとに、込められたメッセージを検証していきたい。

『月刊カドカワ』95年1月号における桑田佳祐へのインタビューによれば「この曲は自分の世代のことを歌っているから。（中略）主人公は要するに社会的に成功した男なんですよ」ということらしい。

「自分の世代の成功者」ということは、とどのつまり「自分」＝桑田佳祐自身の要素が大きいはずだ。そして、この「他人《ひと》の顔色だけを窺い拍手をあびて」などは、まさに桑田佳祐の姿に他ならないと思うので、以下その前提で論を進めてみる。

イメージするのは、例えばドーム・コンサートで「スタンド！　アリーナ！」とけしかけて、大衆を盛り上げ、カタルシスを与えている桑田佳祐の姿だ。と、こう書けばイメージは悪くないが、大衆を「他人」、盛り上げることを「顔色だけを窺い拍手をあびて」と言い換えると、突然辛辣なニュアンスが頭をもたげてくる。

このフレーズには、２人の桑田佳祐が介在している。

（１）「他人の顔色だけを窺い拍手をあびて」いる「スターとしての桑田佳祐」

（２）そんな自身の姿を批評的に見ている「素の桑田佳祐」

「お前、また過剰なバカをやって盛り上げてるけど、やりすぎじゃねえか？」――そんな、（１）に対する（２）の声が聞こえてくる感じだ。そしてこの声は、桑田佳祐という人のパフォーマンスを見ていると、頻繁に聞こえてくるような感覚に陥る。

これは自己批評性、もうちょっとソフトに言えば「照れ」だ。桑田佳祐のパフォーマンスには「照れ」がある。そして調子のいい「スター」＝（1）と、照れ屋の「素」＝（2）という、2人の桑田佳祐がそれぞれに集票することによって、ステレオ効果のようなかたちで人気を増幅させたと私は見るのだ（余談だが、ビートたけしのパフォーマンスにも同じく「自己批評性」「照れ」が機能している感じがする）。

言い換えると、この2人の桑田佳祐のバランス感覚は、彼のパフォーマンスにおける、一種の「自動ブレーキ」の作用をしているようにも思われる。メッセージソングやコミックソング、エロソングなどで（1）が暴走し始めたときも、あと一歩のところで（2）がブレーキを踏んで、道を踏み外さないような感覚がある。

だから、この曲のような、ドロドロした部分を抱えた曲であっても、自動ブレーキが作動する結果、そのあたりがマスキングされて、さらっと安全に聴こえてくる。結果、71万枚ものセールスを稼げてしまう。このこと自体、いいことなのかどうか一概には言えないが、少なくとも桑田佳祐独自の才能であることは確かだ。

桑田佳祐へのインタビュー本『ブルー・ノート・スケール』のあとがきで、インタビュアーの渋谷陽一は「ついに一回も桑田佳祐の口から、自分を絶対化したり、特殊化する発言が出なかった事」に驚いている。

逆に言えば、渋谷陽一が当時インタビューをした音楽家からは、「自分を絶対化したり、特殊化する発言」ばかりが、やたらと多かったのだろう。そんな、単眼的でおめでたい音楽家たちのほとんどは、桑田佳祐を超える支持を得られなかったということになる。

「スターとしての桑田佳祐」を「素の桑田佳祐」が絶えず見つめている感覚。「異常者としての桑田佳祐」を「普通人の桑田佳祐」が絶えず批評している感覚――。この「他人《ひと》の顔色だけを窺い拍手をあびて」というフレーズには、そんな、桑田佳祐を「成功者」たらしめた独特のバランス感覚が、見事に結晶していると思うのである。


「友は政治と酒におぼれて声を枯らし」


続く2番の冒頭に来るフレーズがこれだ。「友」ということなので、これは明らかに自分（桑田佳祐）ではない。シャウトではなく「政治」で「声を枯らし」た桑田など想像ができない。

桑田が青山学院大学経営学部に入学したのは74年。すでに学生運動の時代は終焉に向かい、また、学生運動などまったく似合わない、ブルジョア的なイメージの青山学院においても、政治的な学生が、まだ少しはいたのだろう。

このフレーズとリンクするのが、3番の冒頭の「愛と平和を歌う世代」である。この「世代」とは、桑田佳祐の1つ上の世代、学生運動全盛期を支えた、いわゆる「団塊世代」のことを指すはずだ。図式的に考えれば、「愛と平和を歌う世代」の名残りが「政治と酒におぼれて声を枯らし」た「友」ということになる。

「愛と平和を歌う世代」や「政治と酒におぼれて声を枯らし」た「友」という、少々突き放した言い方の背景にあるのは、大学生・桑田佳祐が1つ上の団塊世代に抱いていた違和感だと思う。

また、78年にデビューして、下積みなく大成功した音楽家・桑田佳祐にとっても、団塊世代周辺の音楽家は、反抗の対象に見えたはずだ。

・1946年生まれ：岡林信康、吉田拓郎
・1947年生まれ：加藤和彦、小田和正
・1948年生まれ：井上陽水、財津和夫

戦後すぐに生まれた団塊世代を代表するこれらの音楽家特有の、暑苦しさ・説教臭さ、その反動としての少女趣味的な感覚に、「もはや戦後ではない」と『経済白書』に書かれた56年生まれの桑田佳祐がイラついたことは、想像に難くない。

ただ、話はまたややこしくなるが、「友は政治と酒におぼれて声を枯らし」に継がれるフレーズ「俺はしがらみ抱いてあこぎな搾取の中に」を読むと、先に書いた団塊世代（とその名残り）に対する、単なる反抗心だけではない、複雑な感情が読み取れるのだ。

暑苦しかったり、少女趣味だったりする団塊世代に対する反抗心をモチベーションにして、下積みなく、いきなり成功を収めた。でも、そんな「俺」（桑田佳祐）も、ピースな世界にいるのではなく「他人の顔色だけを窺い拍手をあび」ながら「あこぎな搾取の中」でもがいている。これで良かったのだろうか――。

つまり自己批評性が、ここでも横溢してくるのである。その結果、団塊世代に対する、ある種の共感のようなものまで立ち込めてくるのだ。

「身を守るのと知らぬそぶりと悪魔の魂」

先の「愛と平和を歌う世代」が「くれたもの」として歌われるこのフレーズは、かなり強烈である。

あの頃（70年前後）に反戦フォークを歌って、学生運動に身を投じた世代が、転向して、ノンポリな小市民となって「身を守」り「知らぬそぶり」をする「悪魔」になってしまった。

その結果、あれだけ反抗心を持って見つめていた団塊世代が、何のことはない、「しがらみ抱いてあこぎな搾取の中に」いる自分（桑田佳祐）と同じ穴のムジナになってしまったのだ。そこに生まれるのは、反抗心とは真逆となる団塊世代への複雑な共感であり、さらには、反抗心だけに徹しきれなかった自分（世代）への諦観である。

続くフレーズは「隣の空は灰色なのに　幸せならば顔をそむけてる」。団塊世代も自分世代も、みんな雁首揃えて、「幸せ」になって「灰色」の「隣の空」から「顔をそむけ」る「悪魔」になってしまった。「隣の空」は、70年前後のベトナムの空か、90年代に入っての湾岸戦争の中継に映し出されたイラクの空か。

まとめると、この曲の歌詞には、桑田佳祐の非常に複雑な世代観／時代観が横たわっている。

（1）「他人の顔色だけを窺い拍手をあびて」いる「スターとしての桑田佳祐」

（2）そんな自身の姿を批評的に見ている「素の桑田佳祐」

この2人に、登場人物がもう1人加わる。

（3）「愛と平和を歌」っていたものの、転向して「悪魔の魂」を宿した団塊世代

主体としての（2）が（1）に加えて（3）をも批評的に見つめている。その視線には反抗と共感が入り混じっている。入り混じった結果、すべては相対化され、分数が約分されて単純化していくように、ドロドロとした灰汁《あく》のようなものが消し去られていく。

結果としてこの曲は、CMで繰り返し流されたポップチューンとして大ヒットするのだが、大ヒットとして消費されたあと、聴き手の「読後感」に、ドロッとした異物が少しだけ残される。

それは、92年の《涙のキッス》（153・5万枚）、93年の《エロティカ・セブン》（172・7万枚）というサザンとしての大ヒットを叩き出し、いよいよ功成り名遂げた桑田佳祐による、自らのあり方への疑念だ。

そして曲の最後は、センチメンタルなエンディングを迎える――「またひとつ消えたのは　嗚呼　愛だった」。母親の棺の横で、煩悶《はんもん》し続ける桑田佳祐の姿が浮かぶ。

13. 桑田佳祐《すべての歌に懺悔しな!!》

作詞：桑田佳祐、作曲：桑田佳祐、編曲：桑田佳祐、小倉博和
アルバム『孤独の太陽』収録、1994年9月23日

「TVにゃ出ないと言ったのに　ドラマの主役にゃ燃えている」

後述する《ピースとハイライト》と並んで、サザン／桑田佳祐関連で最も世間を騒がせた歌詞と言えるだろう。と言っても、その騒ぎももう30年近く前の話なので、少しばかり丁寧に経緯を説明したいと思う。

自分のことを揶揄《やゆ》しているとして、この曲に噛み付いたのは長渕剛。講談社の雑誌『Views』の1995年1月号に掲載された「俺は桑田佳祐を許さない」という、ものものしいタイトルのインタビューによれば、経緯は以下のようなものだったという。

・アルバム『孤独の太陽』発表後、《すべての歌に懺悔しな!!》についてマスコミが「矢沢永吉と長渕剛を皮肉」った歌ではないかと報道した。長渕剛は「自分のことを中傷した歌だとはっきりと認識」したという。

・それを受けて、桑田佳祐は記者会見を開き、「ふたりを誹謗《ひぼう》していると書かれたが、自分をふくむ芸能ロックシンガーを揶揄したもので、特定の人を意識してでは絶対にない」と釈明。

・また桑田佳祐は、長渕剛サイドに、「レコード会社の制作部長」経由で詫び状を渡した。が、その詫び状は封印すらされていなかった（誠意があるなら、封印されたものを直接持ってくるべきだというのが長渕剛の主張）。

・長渕剛としては、詫び状の文面そのものに「相手に対する敬意とおもいやる気持ちがまったく感じられな」かった。

・この曲のエンディング近くで、桑田佳祐は「いらっしゃい」と言っているが、長渕剛いわく、それは「俺が2年まえ、東京ドームコンサートで開口一番、放ったことば」。

・また桑田佳祐は、「ぜんぶマスコミの勝手な報道のせい」「あえて言うなら自分自身を歌ったものである」という言い分も詫び状に書いていたが、「作品というものは、着想からはじまってそれを世に送りだすまでのプロセスをふくめて、すべて責任を作者が負うのが当然」と長渕剛は考える。

・この事件の伏線として、11年前の83年、サザンと長渕剛は、ナゴヤ球場でジョイントコンサートを開催したのだが、当初の話とは異なり、サザンの前座のような扱いをされて、長渕剛が憤慨したというトラブルがあった。

ここまで長渕剛を激昂させたのは、特に「♪TVにゃ出ないと言ったのに　ドラマの主役にゃ燃えている」というフレーズだったと考えられる。

事実関係を追えば、長渕剛は、中島みゆきなどとは違い、例えば『ザ・ベストテン』にも何度となく出演しているのだが、それでも『家族ゲーム』（83年）、『親子ゲーム』（86年）、『とんぼ』（88年）などのテレビドラマで主演、世評を得た身としては、「ドラマの主役」というフレーズに、自らを名指しされた感があったのだろう。

ただしここでは、もう30年近く前の事件についての真相を掘り下げるのではなく（私はそこに興味もない）、桑田佳祐の「自分をふくむ芸能ロックシンガーを揶揄したもの」「あえて言うなら自分自身を歌ったものである」という主張にのっとった上で、この鮮烈な歌詞を味わってみたいと思う。

「スーパー・スターになれたのは　世渡り上手と金まかせ」

《すべての歌に懺悔しな!!》が「自分をふくむ芸能ロックシンガーを揶揄したもの」「あえて言うなら自分自身を歌ったものである」という桑田佳祐の主張を信じたくなるのは、桑田佳祐の自虐ネタ、自虐グセに慣れているからかもしれない。

さらに言えば、自分を客観的に見て、周囲や世間とのバランスを取ることや、その結果としての自虐は、桑田佳祐のパフォーマンスの根幹をなすものだと言える。

そう考えると、特に1番に出てくる「♪スーパー・スターになれたのは　世渡り上手と金まかせ」あたりは、自身に対する強烈な自虐節に聴こえてくる。

背景として、90年代音楽シーンの特殊性が関係してくる。《すべての歌に懺悔しな!!》が発表された94年あたりは、音楽市場が「ＣＤブーム」の波に乗って、98年のピークに向けて拡大に拡大を続ける「高度経済成長時代」だったということが。

90年代前半＝90年から94年に発売されたサザンによるアルバムの売上枚数（出典：『オリコンチャート・ブック 1987-1998』）。

・１９９０年：『Southern All Stars』／１１８・４万枚
・１９９０年：『稲村ジェーン』／１３１・１万枚
・１９９２年：『世に万葉の花が咲くなり』／１７９・１万枚

驚くべきことに、すべて１００万枚を超えている。《すべての歌に懺悔しな!!》が収録された桑田佳祐のソロアルバム『孤独の太陽』も売上枚数86・８万枚。もちろん４枚ともチャートの１位を獲得。

これらの数字がいかに大きいかということは、80年代のサザンのアルバムで最も売れた『ＫＡＭＡＫＵＲＡ』が60・９万枚しか売れなかったという事実と比べてみればいい（『オリコンチャート・ブック 1970-1989』）。ちなみに、96年発売のサザンのアルバム『Young Love』は、何と２４９・４万枚を売り切っている。１枚３０００円だったので、総売上は約75億円の巨大規模。

13. 桑田佳祐《すべての歌に懺悔しな!!》

また、これにシングルの「メガヒット」が加わる。92年の《涙のキッス》が153・5万枚、93年の《エロティカ・セブン》が172・7万枚売れたのだから、スタッフ含めた周囲は笑いが止まらなかったかもしれない。

対する長渕剛の方も、90年の『JEEP』が52・0万枚、91年『JAPAN』は101・1万枚のミリオンセラー、93年『Captain of the Ship』が60・6万枚と、サザンほどではないものの、こちらも十分に売れていて、すべてチャートの1位。

桑田佳祐に話を戻すと、作品の力に加えて、強力なプロモーションや、マーケットの拡大も加勢して、アルバムが売れまくる現状に対して、「もう1人の桑田佳祐」が心の中に現れ、「お前、こんなにボロくていいのかよ」と突っつき、桑田に自虐をそそのかした可能性は高いと思う。

そして、「もう1人の桑田佳祐」のさらなる突っつきに応じて、「♪歌が得意な猿なのに」「♪大学出たって馬鹿だから」と、自虐を上乗せしてしまったのではないだろうか。

最後に「♪大学出たって馬鹿だから」に関連した追記。先の雑誌『Views』のインタビューの中で長渕剛は「湘南でチャラチャラやってて波まかせで青山学院でたやつと、九州産大中退して関門海峡こえて東京にでてきたやつとじゃ、はなっから覚悟がちがう」と語っているが、桑田佳祐は、青山学院を学費未払いで除籍となっている。

「道化も道化　ウンザリするような　生き様シャウトすりゃ」

「自分をふくむ芸能ロックシンガーを揶揄したもの」「あえて言うなら自分白身を歌ったものである」という感じは、2番に入ると、さらに高まる。そして、桑田佳祐ファンとしては、そう解釈した方が俄然面白くなる。

つまり、長渕剛批判に矮小化するのではなく、「もう1人の桑田佳祐」、ひいては当時の音楽シーンと戦い続け、煩悶し続ける桑田を想像しながら聴くということである。

「♪ウンザリするような　生き様シャウトすりゃ」あたりは、まず《すべての歌に懺悔しな!!》と同じく『孤独の太陽』に収録されていて、歌詞は「生き様」を吐露してシャウトする《真夜中のダンディー》を感じさせるし（収録順も《すべての歌に懺悔しな!!》の直前!）、ひいては当時、世間に溢れ始めていた「がんばろう系／説教系Jポップ」への批判のようにも聞こえる。

「♪どこかでパクった」あたりは、洋楽のエッセンスを、バレないようにバレないように引用する日本の音楽家に対しての当てこすりのようにも聞こえる。もちろん、その

「日本の音楽家」というくくりには、桑田佳祐自身も、長渕剛も入ってこよう。

「♪子供の頃から貧乏で　そのうえ気さくな努力家で」は、かなり桑田佳祐自身の意味合いが強そうだ。桑田のインタビューを数多く読んでいくと、少なくとも、長渕剛が言う「湘南でチャラチャラやってて波まかせで青山学院でたやつ」という感じはしない。むしろ、細野晴臣や松任谷由実など「東京の坊っちゃん／お嬢さん」が多かった一世代上の音楽家に比べて、裕福度は一段落ちる育ちだったはず。「気さく」もまさに桑田的。「努力家」という自認識があったかどうかは分からないが。

先に書いたように、アルバム、シングルで「メガヒット」を連発していたとき、桑田佳祐はまさに、日々「天才奇才とおだて」られただろう。そして、チヤホヤされることを窮屈に感じながらも、それでも「エテ公は　いつでも木に登る」思いも同時に抱いたはずだ。周囲の音楽家は、桑田よりも無自覚に、桑田よりも高い枝に向かって「いつでも木に登」ったに違いない。

ただ「♪芝居のセンスにゃたけている」「♪ドラマの主役にゃ燃えている」については、長渕剛や矢沢永吉（94年、『孤独の太陽』発売の直前まで放映されていたテレビドラマ『アリよさらば』に主演）のことが念頭にあったはずだ。

と、《すべての歌に懺悔しな!!》の歌詞を、細かく細かく見てきた。細かく見ておきながら、こんなことを言うのも何なのだが、「こんな細かい話、どうでもいいじゃないか」とも思ってしまう。この曲における桑田佳祐の圧倒的なボーカルを前にして。

『孤独の太陽』というアルバムは、桑田佳祐がトップ・ボーカリストのゾーンに駒を進める1枚だったと思う。簡素でアコースティックな伴奏に、激しさと上手さと表現力を兼ね備えた桑田ボーカルが乗る。《すべての歌に懺悔しな!!》の歌い方など、80年代桑田ボーカルに、ボブ・ディランとブルース・スプリングスティーンが憑依した感じで、結果、誰にも真似のできない世界を完成させている。

だから、《すべての歌に懺悔しな!!》は、実は歌詞ではなく、まずは歌であり声だと思う。ここで書いた歌詞の枝葉末節を知りつつも、まずは、それを忘れて、歌と声にどっぷりと浸かるのがいいと思う。歌詞の騒ぎにかまけて、歌と声の凄みを語らなかった当時の音楽マスコミは、それこそ懺悔するべきだ。

14. サザンオールスターズ《マンピーのG★SPOT》

作詞：桑田佳祐、作曲：桑田佳祐、編曲：サザンオールスターズ
シングル、1995年5月22日

「マンピーのG★SPOT」

1月に阪神・淡路大震災、3月に地下鉄サリン事件という、激動の年＝1995年5月に発売されたこの曲は、そんな年だったことなど、まったく感じさせない能天気な曲であり、現在でもコンサートの定番となっている人気曲である。《真夜中のダンディー》（71万枚）ほどではないが、こちらも50万枚を売り上げる大ヒットとなった。

それにしても「マンピーのG★SPOT」である。このエロティックな文字列を前に、評論への意欲は萎えてしまう。「マンピー」である。「G SPOT」である。さらには

「G」と「SPOT」の間に「★」なのだから。

しかし、気持ちを奮い立たせて、この文字列と向き合ってみる。まず指摘するべきは、こんなタイトルの曲を歌う音楽家は、極めて稀だということだ。少なくとも、日本ロック／ポップス史のビッグネームの中では皆無だろう。

松任谷由実や山下達郎、佐野元春、矢沢永吉、浜田省吾……が「マンピーのG★SPOT」のようなタイトルの曲など決して歌わないだろう。カバーすらしないはずだ。忌野清志郎だったら、少しの可能性はあるかもしれないが、それでも、そこそこの違和感が残ると思う。

言い換えれば、このようなタイトルの曲を作り／歌う（作れる／歌える）ということが、桑田佳祐にとって、他の音楽家に対する強烈な差別化となっているということである。やや大げさに言えば、こういう曲を作り／歌ってきたからこそ、桑田佳祐は、日本ロック史における最大の存在になれたのである。

では、「マンピーのG★SPOT」のような言葉に、桑田佳祐を向かわせたモチベーションは何なのだろう。単純なサービス精神や遊び心によって、なのだろうか。

私が思うのは「洋楽の肉体性」への欲求である。

そもそも洋楽には、黒人音楽も含めて、エロティックな歌詞の曲は山ほどある。日本人が知る中では、比較的上品な部類のビートルズでさえ「道路でヤろうぜ」（《Why Don't We Do It In The Road?》）という曲があるくらいなのだから。

しかし、洋楽フリークだった桑田佳祐少年が耳にした、日本のグループサウンズやフォークの歌詞はどうだったか。ビートルズへの思いを押し殺し、「花・星・夢」など少女趣味的な単語で塗り固められたグループサウンズの歌詞、ボブ・ディランへの思いを押し殺し、四畳半でキャベツかじりながら銭湯に通うようなフォークの歌詞。

さらに、日本（語）のロックが勃興し始めても、歌詞は「♪風をあつめて　蒼空を翔《か》けたいんです」であったり「♪君は Funky Monkey Baby」であったりと、今ひとつしっくりこなかったのではないか。

桑田佳祐少年には、すべて借り物の言葉に聴こえたと思うのだ。そして、一部の洋楽のように、もっと肉体的で、下半身からストレートに撒き散らされるような言葉で歌いたくなったのではないか。その結果が《女呼んでブギ》であり、《マンピーのG★SPOT》だった。

肉体的な表現には強いインパクトが宿る。強いインパクトには広い一般性が宿る。な

14. サザンオールスターズ《マンピーのG★SPOT》

【図】《マンピーのG★SPOT》サビの簡易楽譜

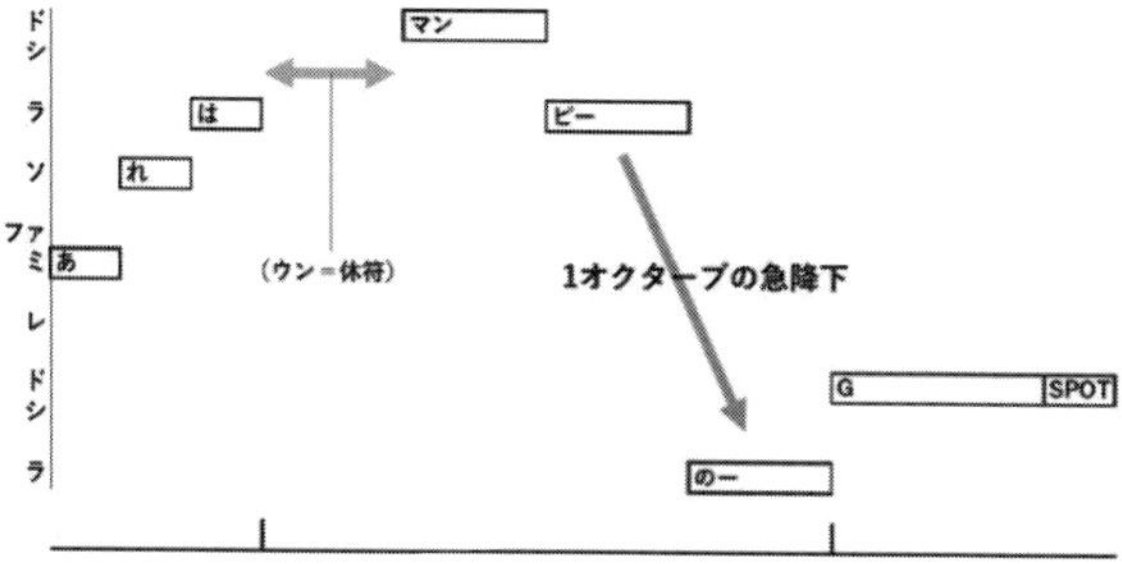

のに他の音楽家は、恥ずかしいのか面倒くさいのか、肉体的な言葉からは距離を置き続ける。結果、桑田佳祐には、「洋楽の肉体性」による先行者利益が、未だに保たれている状態と言えるだろう。

サビのメロディを階名で示せば「♪あれは・マンピーの・Gスポット」が「♪ミソラッ・ドララ・ドーッド」（キーはEm）。「♪（マン）ピーの」で「♪ラ↓ラ」と1オクターブ急降下するのが面白い（上図参照）。

ポイントは「マン（ピー）」。ド（実音でG）という最高音であることと、かつ1拍目が休符になっていること（♪あれは・ウン＝休符・マンピーの）によって、2拍目の「マン」の音に肉体的なエネルギーが爆発する。

そう言えば、桑田佳祐の歌い方も、洋楽ボーカリストを真似つつも、単に英語的な発音を真似ただけではなく、極めて肉体的な歌い方に昇華されている。だからこそ、この日本において一般性を持ち得て、後の日本ロックのスタンダードになったのではないか。

以上のような背景の中で、「マンピーのG★SPOT」という言葉が生み落とされたと考えるのだが、どうだろうか。しかし、そんな背景があったからといって、「マンピー」「G SPOT」、その間の「★」に至るのは、桑田佳祐の才能と狂気だけがなせる業だろう。

だから僕にとって、『マンピーのG★SPOT』という曲を今もたまにライブで歌うっていうのは、けっこう大事なことなんです。あれは、自分が森繁久彌をやっている感覚なんですよ。「ほらほら、ちょっとセクハラしちゃうよ」みたいなね（笑）。

（『文藝春秋』18年10月号）

と、桑田佳祐本人は、実に軽薄なのだが。

「芥川龍之介がスライを聴いて〝お歌が上手〟とほざいたと言う」

と、「マンピーのG★SPOT」という言葉の背景を深読みしてみたが、「マンピーのG★SPOT」は「エロティック」という意味が読み取れる分、まだマシである。この曲の中での最強フレーズ、いや、下手したら、日本ロックの歌詞史上の最強フレーズは、この「芥川龍之介がスライを聴いて〝お歌が上手〟とほざいたと言う」ではないだろうか。

とにかく意味がまったく分からない。まず文豪・芥川龍之介と「スライ」を組み合わせている時点でシュールである。一応説明しておけば、「スライ」とは、60年代後半から70年代前半にかけて人気を得た、サンフランシスコ発の黒人・白人混成バンド＝「スライ&ザ・ファミリーストーン」のことだ。

その上、芥川龍之介が「スライ」に「お歌が上手」と「ほざいた」というのだから、意味は完全に消失する。もうナンセンスとシュールの極みである。

しかしそれでも、ビートに乗せて「♪芥川龍之介がスライを聴いて〝お歌が上手〟とほざいたと言う」と歌ってみると、何というか、妙な高揚感を感じるのは何故なのだろう。意味は完全に消失しているのに、「絶対にこの言葉の並びでなければダメなんだ」

という感じさえしてくるではないか。
ポイントは桑田佳祐の作曲法にある。桑田は自著『ただの歌詩じゃねえか、こんなもん』でこう語っている。

歌詞は、メロディーが浮かぶと同時に、デタラメ言葉——まァ英語が多いんだけど——で浮かんでくるわけ。日本語の歌詞は絶対に浮かんでこない。浮かんだ言葉とメロディーをゴニョゴニョそのまま唄ってくと、コード進行がピーンとわかる。今度はギターを持って、言葉はデタラメのまま、何度も何度も唄うんだよね。それは、ボク一人でもやるし、バンドと一緒にもやる。そのうちに何となく、そのデタラメ言葉にピッタリとくる日本語が何カ所か出てくるわけ。

この本は84年の刊行なので、95年時点の作曲法とは異なっている可能性もあるが、でも基本は変わっていないだろう。まずはデタラメ英語をハメながらメロディを作り、次にそのデタラメ英語を日本語に置き換えるのである。
ということは「芥川龍之介〜」も、最初はデタラメ英語だった可能性が高い。そのデタラメ英語に近い発音やリズムの日本語が、たまたま「芥川龍之介」と「スフイ」だったということになる。

だから、文字にしてみるとナンセンスとシュールの極みなのだが、歌ってみると、その響きに必然性が発生して、「絶対にこの言葉の並びでなければダメなんだ」という感じが湧き上がってくる。

言ってみれば、ここでのナンセンスは単なる「無意味」ではなく「意味からの解放」である。桑田佳祐は、歌詞世界を意味から自由にした上で、ビートや発声と有機的に連携させて、肉体的な総合芸術（妙な言い方だが）へと進化させたのである。

歌い方も重要である。まず「あくたがわ」は「ａｃたがわ」と発音したい（「あく」を英語的に）。また「たがわ」と「スライ」はどちらも文字を詰めて歌う。「ほざいたと言う」の「と言う」は「てゅー」と発音。

ぜひ一度、歌っていただきたい――「♪芥川龍之介がスライを聴いて〝お歌が上手〟とほざいたと言う」。

私にとってこのフレーズは、声に出して歌いたい日本語の最高峰である。

15. サザンオールスターズ《愛の言霊《ことだま》～Spiritual Message～》

作詞：桑田佳祐、作曲：桑田佳祐、編曲：サザンオールスターズ
シングル、1996年5月20日

「生まれく叙事詩《せりふ》とは　蒼き星の挿話　夏の旋律《しらべ》とは　愛の言霊」

大ヒット曲である。単なる大ヒットというより、地に足の付いたかたちで、日本全国津々浦々に浸透した記憶がある。

というのは、個人的になるが、北陸の某温泉のカラオケでこの歌を歌った（歌わされた）記憶があるからだ。最上階にあるカラオケパブに友人と向かったのだが、そのパブの年かさの女将《おかみ》に「とにかく《愛の言霊》好きなのよ、歌って歌って！」と、強く懇願されたのだ。

大ヒットの背景には、まずテレビドラマとのタイアップがある（香取慎吾主演の日本テレビ『透明人間』）。また、1996年という「CDバブル」が頂点に向かっていくタイミングだったことも後押しをしただろう。

しかし本質的要因は、この《愛の言霊》という曲自体に、それこそ、カラオケパブの女将にも受け入れられるような大衆的要素がいくつも埋め込まれていることだと思う。今回は、主に歌詞の面から、それらを検証してみたいと思う。

曲の顔となっているのは、歌い出しにしてサビの「♪生まれく叙事詩《せりふ》とは　蒼き星の挿話　夏の旋律《しらべ》とは　愛の言霊」。

一聴して、耳に残るのはしつこい韻、「いかにも踏んでます感」の強い韻である。「とは」「挿話《そうわ》」「とは」「言霊《ことだま》」。すべてア段の音で終わっている。また「言霊」以外は「オ段→ア段」の流れになっていて、聴きようによっては、フランス語的な響きにもなっている（例：「挿話」＝「soir」）。

というわけで、発音から作られたフレーズだろうと思うのだが、ここに「叙事詩《せりふ》」「旋律《しらべ》」という、桑田一流の「当て字作戦」を導入し、聴覚と視覚の立体戦法で、意味深な感じを醸し出す。

また、とにかく「言霊」という言葉が強い。曲名のサブタイトル「Spiritual Message」で、その強さはさらにダメ押しされる。私の記憶によれば、この曲以前、「言霊」という言葉は、それほど一般的ではなかったような気がする。《愛の言霊》という曲によって、「言霊」という言葉が、この国で、まさに言霊のように意味と存在感を持ち始めたのだ。

また、メロディが異常に人懐っこい。階名で「ラララ・ソ#ラシド・ドドド・シドレミ・ミミミ・レミファミ・ミミミ・レドシド」。一切の跳躍がなく、音階の中のすぐ隣の音に移動しながら、階段型にゆっくり登っていき、最後ちょっとだけ下がる。

思い出すのは《TSUNAMI》のサビ「♪（見つめ）合うと素直にお喋り出（来ない）」の（　）に挟まれた階段型音列＝「ファーミ・ミーミ・ミーレ・レーレ・レード・ドード」。《TSUNAMI》の大ヒットを生み出した「桑田流・階段型人懐っこい音列」の萌芽が、この曲にはある。

大ヒットとなったのには様々な理由があろうが、とにかくこの曲はサビだ。このサビの力こそが、この曲を、温泉旅館の最上階のカラオケパブにまで届けたのだ。

「新盆《ぼん》にゃ丸い丸い月も酔っちゃって　由比ヶ浜　鍵屋　たまや」

《愛の言霊》が収録された96年のアルバム＝『Young Love』は一般に、洋楽志向が強い作品として知られている。それを象徴するのがジャケット。ボブ・ディランやビートルズ、ローリング・ストーンズなどの名盤のパロディになっているのだ（ご興味ある向きは検索してもらいたい）。

「Jポップ」の名の下に、一世代、二世代下の音楽家がどんどん出てきた音楽シーンにおける差別化の意味合いもあっただろう。「ルーツ・オブ・ロックを知っている中年の底力を見せてやるぞ」というような（桑田佳祐は当時40歳）。

しかし『Young Love』収録曲を代表するヒット曲である《愛の言霊》は、なぜか歌詞が和モノの世界になっている。「♪新盆《ぼん》にゃ丸い丸い月も酔っちゃって　由比ヶ浜　鍵屋　たまや」はまるまる和の世界だし、その前の「♪宴《えん》はヤーレンソーラン　呑めど What Cha Cha」も然り。

ただ、具体的意味は判然とせず、むしろここでも、「ぼん」（新盆）と「えん」（宴）、「まーるいまーるい」（丸い丸い）と「ヤーレンソーラン」、「よっちゃって」（酔っちゃって）と「わっちゃっちゃ」（What Cha Cha）という響きの近似性を優先した文字列になっているのだが。

しかし、それでも、桑田佳祐独特の風景が見えてくるのが、この歌詞のすごいところである。それは「由比ヶ浜」という言葉が牽引する湘南、それも加山雄三以前の、今ひとつ垢抜けない、ひなびた海沿いのエリアとしてのそれだ。

2017年の映画『茅ヶ崎物語～MY LITTLE HOMETOWN～』をご覧になった方なら、その感じが、よく分かるだろう。アルバム『KAMAKURA』（85年）収録の《古戦場で濡れん坊は昭和のHero》など、桑田佳祐は時折、「昭和湘南ネイティブ」としての強烈な郷愁を、歌詞の中で打ち出してくる。そのような和モノ感、「今ひとつ垢抜けない、ひなびた海沿いのエリア」感が、この曲の大ヒットにつながったと考えるのだ。

95～96年におけるサザンのシングル。

・《マンピーのG★SPOT》　1995年5月22日
・《あなただけを～Summer Heartbreak～》　1995年7月17日
・《愛の言霊《ことだま》～Spiritual Message～》　1996年5月20日

・《太陽は罪な奴》　1996年6月25日

すべて、超・売れ線の音作りであることに驚くが、よく見れば、《マンピーのG★SPOT》《愛の言霊》というマイナーキーのウェットなポップスと《あなただけを》《太陽は罪な奴》というメジャーキーのドライなポップス路線が、テレコで並んでいることが分かる。

ウェットとドライ、下世話と洗練を行き来しながら、「メガ・サザン」が完成していく。

「戦をしたり　罪犯したなら　ぼくもまたそれを繰り返すのか」

やたらとポップなサビに加え、「昭和湘南ネイティブ」な和モノ感で、強烈な大衆性を獲得、大ヒットとなったこの曲だが、間奏以降で、歌詞の意味が深い方向に、ぐっと転換する。

歌詞の意味の話に先立って、まずは、その間奏自体の話をしたい。《愛の言霊》の間奏は、とにかくサービス精神とアイデアが旺盛で、サビと和モノ感に次いで、この間奏も、大衆性の獲得に貢献していると言わざるを得ない。

まずは、オルガンのような音のキーボードが、跳躍を重ねて飛び回る、自由奔放なソロを奏でる。次に、そのキーボードに乗って英語のラップが続く。

英語ラップは「♪ THE MESSAGE FROM T. C.」というフレーズで始まるが、この「T. C.」は「魂」で、また、その後の「COME-A COOL RAP」というフレーズは「鎌倉」だと言われている。90年代半ばにおいて、ラップという手法はそれなりに先鋭的なものだったが、さすがサザン、さすが《愛の言霊》、ラップにまで大衆的なオチが付いている。

次は、何とインドネシア語のラップ。ここでラップされるリリックの意味は、桑田佳祐の日本語ラップに準じているので、後ほど紹介したい。

注目したいのが、その次に出てくる桑田佳祐のスキャットだ。何気ない感じで扱われているが、じっくり聴くと非常に上手い。ボーカリスト・桑田佳祐のピッチの確かさを痛感する。さすが難曲《ＥＭＡＮＯＮ》を歌い切った人である。

……という、自由奔放・奇想天外な流れの間奏なのだが、原由子の「あ、それ」(?)という掛け声が全体にまぶされ、大衆性、和モノ感、ベタ感がちゃんと保持されている。

続いて「♪生まれく叙事詩《せりふ》とは」のサビが再度やってくる。しかし、単なるリフレインではなく、サビの中に、桑田佳祐のラップが割り込んでくる。そのラップが実に意味深なのだ。

――「♪過去に多くの人が　愚かな者が　幾千億年前の星の光見て」「♪戦をしたり罪犯したなら　ぼくもまたそれを繰り返すのか」

唐突に提示されるのは、「幾千億年前」から輝き続ける「星の光」の下で、「戦」や「罪」が繰り返されていること、その流れに「ぼくも」加わっているかもしれないという歴史輪廻話である。

ポップなサビ、「昭和湘南ネイティブ」な和モノ感という見てくれで親しまれたこの曲だが、その内実は、変わらない星空、変わらない湘南の風景の下で繰り返された、悠久の歴史における人間物語だったのだ。

――「♪今は滅びた星の光なのに　見つめるままに　夢に見るたびに」「♪涙ぐむの

はなぜなのか」

「今は滅びた星」は宇宙の藻屑に消えた星だろうか。その光でなぜ自分は涙ぐむのだろう。いや、その星は、もしかしたら、核戦争か環境破壊でやがて滅びる地球なのではないか。だから、その星の住人としての自分が、涙ぐむのではないか。

――「♪そして僕はどこから来たのか　この魂は誰のものなのか」

大衆的なポップミュージックを歌っている自分は、湘南は、日本は、地球は――誰のものなのか。その答えは星空の闇に消えていくが、少なくとも、桑田佳祐が遺した言葉は、桑田本人の生命よりも長く、この国、この星で生き続けていくことだろう。まさに「言霊」として――。

16. サザンオールスターズ《平和の琉歌》

作詞：桑田佳祐、作曲：桑田佳祐、編曲：サザンオールスターズ
アルバム『海のYeah!!』収録、1998年6月25日

「この国が平和だと　誰が決めたの？　人の涙も渇かぬうちに」

《勝手にシンドバッド》発売からちょうど20周年となる1998年6月25日に発売され、大ヒットとなったベストアルバム『海のYeah!!』に収録されている曲。ベストアルバムに入っているのだからシングルカットされたのかと思いきや、実はそうではない。

どういうことかというと、『平和の琉歌～Stadium Tour 1996〝ザ・ガールズ万座ビーチ〟in 沖縄～』（何という名前！）という、96年10月に開催された宜野湾海浜公園野外劇場でのライブの模様を収めた映像作品（ＶＨＳ）の付録ＣＤに入っていた曲なので

ある。

「琉歌」とは「沖縄の短詩形の歌謡。主に八・八・八・六形式で、叙情的な内容のものが多い。一般に三線《さんしん》を伴奏に歌われる」（『デジタル大辞泉』小学館）のこと。この曲は「八・八・八・六形式」にはなっていないが、メロディやアレンジは十分に沖縄的である。

またこの曲は、97年の1～3月に、TBSのニュース番組『筑紫哲也 NEWS23』のエンディングにも使われていた（サザンとしては91年の《ネオ・ブラボー!!》以来2度目）。そのせいか、社会的・政治的メッセージ性の強い歌詞となっている。

注目すべきは、そのメッセージの打ち出し方である。後述する《ROCK AND ROLL HERO》では、当て字を使ったり、やたらとポップなメロディで飾ったりする中で、メッセージ性に煙幕を張っているように感じるが、この《平和の琉歌》では、そういう工夫は一切感じられない。けれん味なく、メッセージをストレートに打ち出している。

歌い出しの「♪この国が平和だと　誰が決めたの？　人の涙も渇かぬうちに」からして、きれいな回転の直球である。沖縄的なメロディとアレンジに乗ることで、歌詞の「この国」に包含される「本土（ヤマトンチュ）」と「沖縄（ウチナンチュ）」の乖離／格差がストレートに伝わる。また、沖縄的な音像の中では「人の涙」が沖縄戦のイメージとしっかりとつながる。

こういう曲を聴いていると、桑田佳祐という人の性根にある戦後民主主義性に気付かされるし、桑田から10年遅れて、戦後民主主義を味わった私世代などは、それをあっけらかんと表明する桑田に強いシンパシーを感じ、「みんな、こういうことをこういう感じで、あっけらかんと歌えばいいのに」と思うのだ。

さて、2016年のフジロックフェスティバルで、ちょっとした騒ぎがあったことを、憶えている人はいるだろうか（『ハフィントン・ポスト』（現・ハフポスト）16年6月21日の記事より）。

> 毎夏恒例となった野外フェス「FUJI ROCK FESTIVAL」（フジロック・《ママ》フェスティバル'16）に、学生団体「SEALDs（自由と民主主義のための学生緊急行動）」の中心メンバー奥田愛基さんやジャーナリストの津田大介さんらが出演すると発表され、ネット上には「フジロックに政治を持ち込むな」「音楽の政治利用」などと批判の声が上がった。（「『フジロックに政治を持ち込むな』に、アジカンの後藤正文さんら反論」）

このような「フジロックに政治を持ち込むな」的意見に対して、アジアン・カンフー・ジェネレーションの後藤正文がツイッターで発表した意見がふるっていた（前掲の記事の中で紹介されている）。

フジロックに政治を持ち込むなって、フジロックのこと知らない人が言ってるよね。これまでいくつものNGOやアーティストがさまざまな主張をステージて《ママ》繰り返してきたわけだし。ただ、ちゃんと真顔で「うるさいよ、馬鹿」くらいは言い返しておかないと、ちょっとだけ何らかの自由が削られる気がする。

この令和のご時世に「ロックとは何か」論議もあったもんじゃないと思うが、一応続ければ、「社会的・政治的メッセージを歌うのがロック」だとは思わない。ただし「社会的・政治的メッセージ『も』歌うのがロック」だとは、強く思う。《女呼んでブギ》と《平和の琉歌》が同一平面にあることを深く愛したいと思う。

そして私は、《平和の琉歌》を思い出しながら、またこう思うのだ――「みんな、こういうことをこういう感じで、あっけらかんと歌えばいいのに」。

「アメリカの傘の下　夢も見ました」

桑田佳祐のあっけらかんとしたメッセージは、まだまだ続く。「♪この国が平和だと誰が決めたの？　人の涙も渇かぬうちに」に続くのが、「♪アメリカの傘の下　夢も見ました」である。

桑田佳祐一流の迂遠な表現を用いず、「アメリカ」と具体的に国名を出しているので、メッセージがとても分かりやすい。また「アメリカの傘」という表現は「核の傘」という言葉を想起させるし、「夢」は、アメリカ文化に憧れ続けた桑田佳祐少年が抱いたものだろう。

言わば「アメリカ文化の申し子」として、アメリカ文化に強い希望を抱いた分、「♪民を見捨てた戦争《いくさ》の果てに」、つまり沖縄での地上戦に代表される、太平洋戦争での米軍のあり方に、深く感じ入ったのではないだろうか。

そして、さらに強烈なフレーズが2番にあらわれる——「♪人として生きるのを　何故に拒むの？　隣り合わせの軍人さんよ」。

「隣り合わせの軍人」とは、もちろん沖縄における駐留米軍のことだろう。そして、その「隣り合わせの軍人」が「人として生きるのを」「拒」んでいるということになる。どういうことなのか。

ここで1つの事件を思い出してほしい、95年に起きた米軍兵による「沖縄少女暴行事件」である。

1995年9月、沖縄県警捜査一課と石川署は、小学生女児に暴行したとして、同県にある米軍基地所属の米兵3人について逮捕監禁と婦女暴行容疑の逮捕状を取り、米軍側に身柄引き渡しを要求した。

3人は車で基地外に遊びに出掛けた際に、沖縄本島北部の住宅街で買い物帰りの小学生を発見。無理やり車に押し込み、ガムテープで目や口をふさぎ、手足をしばるなどして、約1・5キロ離れた場所まで連れて行き、車内で乱暴した疑い。(時事ドットコム「沖縄の悲劇～米軍関係者による事件　写真特集」)

沖縄県民の怒りは大きく、同年10月21日、米兵の少女暴行事件に抗議して、宜野湾市の海浜公園で開かれた「沖縄県民総決起大会」には8万5000人（主催者発表）が参加し、「軍隊のない、悲劇のない、平和な島を返してください」という女子高校生の決意表明に会場は震えたという。

「アメリカ文化の申し子」かつ「戦後民主主義の申し子」としての桑田佳祐が、この事件に心を傷めなかったわけはないだろう。「♪人として生きるのを　何故に拒むの？隣り合わせの軍人さんよ」というメッセージのトリガーとして、この事件が寄与した確率は非常に高い。

アメリカと沖縄。愛し続けてきたアメリカと、そのアメリカが沖縄にもたらしている現実――「琉歌」を作る上で、引き裂かれるような思い、一種のアイデンティティ・クライシスが、桑田佳祐の心の中で起きていたのではないか。

「情け知らさな　くぬ島ぬ」

《平和の琉歌》は、沖縄の音楽ユニットのネーネーズがカバーしている。

ネーネーズとは、90年に知名定男がプロデュースして結成された沖縄音楽グループであり、97年のアルバム『明けもどろ～うない～』に、ネーネーズ版《平和の琉歌》が収録されている。

そのネーネーズ版には、桑田佳祐の歌詞に加えて、知名定男による沖縄方言（ウチナーグチ）の歌詞が加えられているのだが、ここに注目すべき1つのフレーズを発見するのである。

——♪情け知らさな　くぬ島ぬ

直訳すると「この島の情けを知らせたい」ということになる。「情け」は、戦後沖縄人の「感情」であり「激情」だろう。「知らせたい」のは誰にか。もちろん「本土（ヤマトンチュ）」にだ。

対比するべきは、桑田佳祐による原曲のフレーズ＝「♪愛を植えましょう　この島へ」である。「沖縄に愛を植えましょう」とする桑田佳祐に対し、ネーネーズは、知名定男は「そもそも、この沖縄の人々の感情を、あなたがた本土の方々は分かっているのですか？」と返しているのである。

このやりとりに緊張感を感じるのは、私だけではないだろう。あっけらかんとした桑田佳祐の言葉に対して、知名定男の言葉は、沖縄人としてのリアリティを鋭利なかたちで突きつけている感じがするからだ。

そして、このフレーズによって、《平和の琉歌》はネーネーズのものとなり、初めて、沖縄の地に体重をかけて屹立する。

しかし、だからと言って、サザン版、桑田佳祐版《平和の琉歌》が、無価値で薄っぺらいものになるかというと、そうではない。戦後民主主義を、けれん味なく、あっけらかんと歌うことも大切、いや、それこそに価値がある。

桑田佳祐『ポップス歌手の耐えられない軽さ』に、作曲家・筒美京平について語っている回がある。その中で桑田佳祐は唐突に、アメリカと中国の深刻な対立について語り出す。

> こんな時こそ、ガースー総理も河野太郎ちゃんも一肌脱いでおくれでないか？　米国と中国との間を取り持って、あの両巨頭の〝逢い引き〟を演出してはくれまいか？（ちょっと手強そうだけど）

そしてこの続きで、（こちらも唐突に）平山三紀《真夏の出来事》の歌詞を引用して、その後に、いかにも桑田佳祐らしい強烈な一言を放つのだ。

〝お花畑〟で悪いか？

〝お花畑〟で悪くない。いや、今この国にいちばん足りないものが「お花畑」だと思う。戦後民主主義を、けれん味なく、あっけらかんと歌うことこそに、価値がみなぎるのだ。

17. 桑田佳祐《ROCK AND ROLL HERO》

作詞：桑田佳祐、作曲：桑田佳祐、英語補作詞：TOMMY SNYDER、編曲：桑田佳祐 & THE BALDING COMPANY、管編曲：山本拓夫
アルバム『ROCK AND ROLL HERO』収録、2002年9月26日

「米国《アメリカ》は僕の Hero　我が日本人《ほう》は従順《ウブ》な People」

アルバム『ROCK AND ROLL HERO』のタイトルチューン。発売されたのは2002年の9月で、アメリカでの同時多発テロから、ほぼ1年後というタイミングである。日本にもメッセージソングは多いものの、アメリカを標的にしたものは少ない。極めて少ない。

その理由として、「アメリカに敗戦したことで戦後の民主主義や繁栄がもたらされた」

という根強い感覚や、そもそも日本におけるロックが、アメリカの強い影響下で発生したという事実などから、抗《あらが》う敵としてアメリカをカウントしない（してはいけない）という観念があると思われる。

アメリカを標的としたメッセージソング。その稀有なものの1つが「♪有色人種はつぶせ　都合よくルール作れ　自分のミスは認めず　それがアメリカ魂」と、極端に直截的（かつ本質的）に歌うザ・ハイロウズの《アメリカ魂》（02年）であり、そしてもう1つがこの曲だ。

しかし、日本ロック史の中でも、アメリカへの憧れ度合いで言えば、かなり上位に位置するであろう桑田佳祐が、アメリカと、アメリカに従順な日本の姿を歌にするのだから面白い。桑田佳祐は当時こう語っている。

〝ROCK AND ROLL HERO〟、イコール、アメリカというか、そこに追従している我が国日本、みたいな、そんな皮肉というか、そんな歌でもあるんですけどね。（中略）で、ふとこの歳になりますと、これからもそうやって、〝ずっとアメリカに追従してくだけでいいのかな？〟みたいな、そんなことも思い始めているわけなんですよ。

（『別冊カドカワ　総力特集　桑田佳祐』02年11月）

この発言に表れているのは、アメリカと、それに追従する日本、この両国に対する疑念である。

ただし、歌詞全体を読んでみても、政治的／思想的な背景は感じにくい。感じられるのは、「難しいことはよく分からないけど、日本はなぜ、こんなにべったりとアメリカに従順なんだろう?」という、無邪気で素直な疑念である。

その無邪気さは、「国境なんてないと想像してごらん」と歌ったジョン・レノンのそれに近いものがある（CD『ROCK AND ROLL HERO』のケース裏に載せられた桑田少年の写真は、ジョン・レノン『ジョンの魂』の裏ジャケットを模しているようだ）。

さらにその無邪気さは、戦後民主主義の根幹でもある、日本国憲法の前文のそれにも通ずる――「われらは、全世界の国民が、ひとしく恐怖と欠乏から免かれ、平和のうちに生存する権利を有することを確認する」。

しかし、桑田佳祐は、無邪気でありながらもしたたかで、「日本人」を「ほう」、「従順」を「ウブ」と読み替えて、聴感上の切っ先を和らげている。その結果、桑田佳祐のソロ・コンサートにおいて、この曲が、意味の細部を問われることなく、総立ちの観客がノリノリで唱和するさまには、少々の違和感を持つのだが。

ただ、それにしても、この歌詞／この視点が斬新なことに変わりがない。「米国ロックは僕のHero　我が日本ロックは従順なPeople」と思い続けてきたはずの桑田佳祐が、功成り名遂げた日本ロッカーの代表として、アメリカと日本を揶揄《やゆ》するのだから。

「安保《まも》っておくれよLeader　過保護な僕らのFreedom」

そんな《ROCK AND ROLL HERO》は歌詞が進んでいくと同時に、過激さも進んでいく。前項で「政治的／思想的な背景は感じにくい」と書いたが、それでも攻撃性は、どんどん増していくという感じがする。

「安保って」と書いて「まもって」と読ませることで、ここでも聴感上の切っ先を和らげているものの、「安保」（日米安保条約）という言葉を歌うロックスターなど、日本ロック史にいただろうか？

そして、その「安保」を接合点として、アメリカの横暴さと、その横暴なアメリカに「過保護」にされている日本の両面に対して、桑田佳祐は刃《やいば》を向ける。その姿勢は、このアルバム『ROCK AND ROLL HERO』の10曲目に入っている《どん底のブルース》で、いよいよ鮮明になる。

「♪いつもドンパチやる前に　聖書に手を置く大統領《ひと》がいる」と、アメリカをやんわりと批判したあとで、日本の現状に対しても牙をむく。ここでの「日本の現状」とは、「安保」という接合点に直接つながれている「沖縄の現状」だ。

「♪隣のあの娘《こ》が輪姦《まわ》されて」と95年の「沖縄米兵少女暴行事件」を持ち出しながら、「♪戦争《いくさ》に赴く基地《ベース》は安保《まも》られる」と、再度「安保（られる）」を「まも（られる）」と読ませ、沖縄の米軍基地問題を指摘する。

再び《ROCK AND ROLL HERO》に話を戻すと、こちらでも「♪国家《くに》を挙げての右習え　核なるうえはGo with you.」と、アメリカに追従する日本の現状に対する意味深なメッセージが埋め込まれている。

日米関係への認識についてはさておき（個人的には、02年当時よりもさらに窮屈になってきていると思うが）、《ROCK AND ROLL HERO》の歌詞をあらためて確認した上で、強く主張したいのは、桑田佳祐が手掛ける歌詞世界の面積の広さ、広いことの素晴らしさである。

お下劣なエロから、おフザケのコミックソング、涙ちょちょぎれるラブソングから、ノリノリのロックンロール、意味から解放されたナンセンスソングを経て、そして「♪安保《まも》ってておくれよLeader　過保護な僕らのFreedom」に至る、歌詞世界の広大さはどうだ？　東京ドーム何個分だ？

逆に、今や還暦を超えた桑田佳祐よりも、もっと広大な面積を占有して然るべきな、「Jポップ」界の若い音楽家たちの言葉が、ラブソングという極めて狭いところで、汲々《きゅうきゅう》としているのはどういうことなのか。

「歌っちゃいけないテーマなどないんだ」――作詞家・桑田佳祐が抱いているであろうイノセントな根本思想。

この根本思想そのものが、日本国憲法第21条「表現の自由」を鮮やかに具現化している。また、桑田佳祐という人が、戦後民主主義を謳歌している証だとも思うのである。

「ロックンロールでUp Upと行こうじゃない　Until we die.」

以上で述べた攻撃的な歌詞の内容が一気に中和するのが、この異様にキャッチーなサビである。

「♪ドッミッ・ファーミソ・ッソッミ・ファーミド・ッミ・ファーミド」という、どことなく沖縄的なメロディに乗せて、「♪ロックンロールでUp Upと行こうじゃない」と歌われ、「Up Up」なノリが前面に出てくることで、歌詞の内容が向こう側に追いやられるような感じがするのは、私だけだろうか。

その結果、この《ROCK AND ROLL HERO》によって、コンサート会場は大盛りあがりとなり、歌詞に織り込まれた日米安保条約や沖縄米軍基地の問題意識が雲散霧消、ロックンロール的な快感だけで、「読後感」が支配される（その結果、この曲は、歌詞の標的となっているアメリカを代表する企業＝コカ・コーラのCMソングに選ばれた）。

これは、いいことなのだろうか。

私にはよく分からない。ただ1つだけ言えることは「それが桑田佳祐だ」ということである。ラディカルとポップの融合、どっちかに偏ると桑田佳祐じゃない。「両面待ち《リャンメン》」こそが桑田佳祐だということだ。

このキャッチーなサビによって確かに、ノリがメッセージを打ち消してしまう。ただ、このサビがなければ、大衆にこの曲は届かなかった。大衆に届いたからこそ、私のように、この歌詞に意識的になるリスナーも少なからず現れた。と考えると、功罪相半ばする、という感じがする。

しかし、それが桑田佳祐なのだ。功罪相半ばし、清濁併せ呑むのが「桑田佳祐を聴く」ということなのだ。

よく考えると、この「功罪相半ば、清濁併せ呑む」感じは、戦後民主主義のあり方に近いのではないか。日本国憲法で掲げられた高邁な理想と、日米関係に象徴される窮屈な現実の二重構造や、その中で芽生えていく、楽観と諦観の二重構造と、桑田佳祐の音楽は、どこかでつながっているという気がする。

それからのこと。まずは14年12月28日、横浜アリーナで行われたサザンのコンサートを安倍元首相が鑑賞。

グレーのタートルネックに薄い青色のジャケット姿の首相は、くつろいだ様子でコンサートを楽しんだ。「爆笑アイランド」という曲で、ボーカルの桑田佳祐さんが「衆院解散なんてむちゃを言う」と、歌詞にはない一節を歌う場面もあった。首相は曲に合わせて手を振ったり、身を乗り出して拍手を送ったりするなど満足げだった。

（『産経ニュース』14年12月28日）

3日後の大晦日、サザンは同じく横浜アリーナから、ＮＨＫ『紅白歌合戦』に生中継で参加し、《ピースとハイライト》を歌ったのだが、それが炎上。謝罪に追い込まれる。

桑田さんは２０１４年11月、秋の紫綬褒章を受賞《ママ》したが、12月31日に横浜《ママ》アリーナで行われた年越しライブ「ひつじだよ！全員集合！」のステージ上で、ズボンのポケットから無造作に褒章のメダルを取り出してオークションにかけるような発言を行った。また、ＮＨＫ紅白歌合戦では「ちょび髭」をつけ、「ピースとハイライト」を演奏したことが、一部で政治的な批判ではないかと話題になった。（『ハフィントン・ポスト』15年1月15日）

そして『文藝春秋』（18年10月号）で、桑田佳祐はこう語っている。

決して何かが解決したわけじゃないのに、なんとなくタブーみたいにして、そっと触らず済ませてしまおうということって多いように思います。それで、ちゃんと見つめてこなかったツケが、東日本大震災のときにまた噴き出してきた気もする。

歌を通してうまく風刺できたらいい。大衆とともにあるポップスというものは、本来それくらい突っ込んだ表現をしなければつまらないものだし、きつい風刺をさらりとできるくらい、常に自由でなくちゃいけません。

「常に自由でなくちゃいけません」——戦後民主主義の本質。理想と現実、楽観と諦観を併せ呑みながら、これからも私たちは、桑田佳祐を聴き続ける。

18. 桑田佳祐《声に出して歌いたい日本文学〈Medley〉》

作詞：中原中也、高村光太郎、太宰治、与謝野晶子、芥川龍之介、小林多喜二、樋口一葉、石川啄木、夏目漱石、宮沢賢治、作曲：桑田佳祐、編曲：桑田佳祐
シングル（《君にサヨナラを》カップリング）、2009年12月9日

「汚れつちまつた悲しみに」

2009年のシングル《君にサヨナラを》のカップリングに加えて、12年発売のベストアルバム『I LOVE YOU-now & forever-』にひっそりと収録された曲である。でも「ひっそり」というわりには、尺がとんでもなく長く、何と約19分もある。その上、作詞は桑田佳祐ではなく、日本を代表する文豪の面々。何だ、これは？

実はこれ、09年に放映された桑田佳祐出演の音楽番組＝フジテレビ『音楽寅さん』

（第2期）の企画として、レコーディングされた音源なのだ。

具体的には、09年8月3日放送の第15回「声に出して歌いたい日本文学」で流れたもの。齋藤孝によるベストセラー『声に出して読みたい日本語』（01年）になぞらえて、日本文学の名作の文章を、ロックに乗せて歌うという、野心的な企画。

それにしても、約19分。テレビ番組の企画物とは思えない大作で、かつ企画物といいながら、音楽的クオリティが非常に高い。

第2期『音楽寅さん』では、他にも第8〜9回「寅さんの大阪案内」など傑作回が多く（特に第9回で桑田佳祐が歌う《悲しい色やね》は必見）、あれほどの熱量を込めた番組を、2クール、計21回も、よく続けることができたものだと驚いてしまう。

さて、取り上げられた文学作品を、曲中の登場順で並べると、以下の通り。

・『汚れつちまつた悲しみに……』（中原中也）
・『智恵子抄』（高村光太郎）
・『人間失格』（太宰治）
・『みだれ髪』（与謝野晶子）

18. 桑田佳祐《声に出して歌いたい日本文学〈Medley〉》

・『蜘蛛の糸』（芥川龍之介）
・『蟹工船』（小林多喜二）
・『たけくらべ』（樋口一葉）
・『汚れつちまつた悲しみに……』（REPRISE）
・『一握の砂』（石川啄木）
・『吾輩は猫である』（夏目漱石）
・『銀河鉄道の夜』（宮沢賢治）

そもそもが、音楽のために作られたのではない、それも約1世紀前の文章に対して、リズムを与え、メロディを与え、そして、子音と母音を縦横無尽に使い分ける歌い方によって、ロック・ミュージックに昇華させるというチャレンジングな企画。

今あらためて私が思うのは、そんな途方もなく面倒な作業を、桑田は心底楽しみながらこなしたのではないかということだ。

もっと言えば、桑田佳祐の心の中にある「どんな文章だって、俺にかかればロックになる」という自信と誇りが、桑田を突き動かし、この作品を作らせたのだろう。どんな日本語でもロックに乗せて歌える能力を持つ、歌手や作詞家、作曲家を超えた「日本語ロック発声家」としての桑田。

「大昔の日本文学なんて、ロックにできっこないだろう」という先入見を、一瞬で吹き飛ばすのが、メドレーの1曲目＝『汚れつちまつた悲しみに……』（中原中也）の冒頭である。

どことなくビートルズっぽいコード進行（ここだけでなく、曲全体がビートルズのオマージュのように感じる）をバックに、桑田佳祐が（やや大げさに表記すれば）「♪よごれちむぁっつぁ　くぁぬぁすぃみぃぬぃ～」という発音で歌った瞬間、「この無謀な企画は成功する」という確信をリスナーに与えるのである。

『汚れつちまつた悲しみに……』は、先のリストにあるように、後半にも「ＲＥＰＲＩＳＥ」（このあたりもビートルズ的）として再び登場。この曲のメインテーマとなっている。メインの扱いにした背景には、桑田佳祐自身も、このメドレーの中で、『汚れつちまつた悲しみに……』に最も自信を感じたからではないだろうか。

そしてメドレーは、ラテン風（？）にアレンジされた『智恵子抄』を経て、前半のヤマであるハードロック版『人間失格』に向かっていく。

「汚いはだかの絵などを画いて、画いていました」

『人間失格』パートでの桑田佳祐は、明らかに乗っている。この《声に出して歌いたい日本文学〈Medley〉》で取り上げられた文学作品の中でも、最も有名なものの1つでもあり、もしかしたら、『人間失格』から、この企画自体が組み立てられたのかもしれない。

演奏はハードロック。それもアメリカン・ハードロックというよりは、ブリティッシュ風の陰鬱なそれであって、ビートルズで言えば、例えば《ハッピネス・イズ・ア・ウォーム・ガン》（68年）のような、中期ビートルズのジョン・レノンが手掛けそうなサウンドになっている。

桑田佳祐による「中期ビートルズ的なサウンド」と言って、まず思い出すのが、アルバム『稲村ジェーン』収録の《東京サリーちゃん》。あの、まったく謎な歌詞を見事に歌い切ったように、「中期ビートルズのジョン・レノン」は、つまり桑田の大好物ライン。だから今回も、それ系サウンドに乗せた桑田のシャウトは絶品だ。

歌詞は、太宰一流の、あけすけであからさまな心情吐露の部分が使われている。

まずは有名な「♪恥の多い生涯を送ってきました」。そして「♪自分は隣人と、ほとんど会話が出来ません」を経由して、（「二十七」歳なのに）「♪白髪がめっきりふえたので、たいていの人から、四十以上に見られます」と展開。

極め付けは、「♪駅売りの粗悪で卑猥な雑誌などに　汚いはだかの絵などを画いて、画いていました」。そして最後は「♪人間、失格。」というシャウト。

このパートにおける桑田佳祐ボーカル／桑田佳祐シャウトがぴったりハマっている背景に、この上なくエモーショナルな日本語の歌い方が、深く生々しい心情の噴出装置として、見事に機能していることがある。

振り返ってみれば、桑田佳祐は、他の日本の音楽家が扱わないテーマや、吐き出さない深く濃い心情を吐き出してきた。そのありようは、太宰治や、他の自然主義文学にも通じるものだ。

深く濃い心情の吐露に向けて、太宰治は、その独特の筆致を通して成立させ、桑田佳祐の場合は、自らがクリエイトした、エモーショナルな日本語の歌い方によって、成立させた。

「♪駅売りの粗悪で卑猥な雑誌などに　汚いはだかの絵などを画いて、画いていました」という、破滅的／絶望的なフレーズが、ロックの歌詞として成立しているのは、「汚いはだかの絵」という濃厚な文字列に込められた破滅的／絶望的な心情を、まるごと受け止め、さらに拡張して表現できる桑田佳祐の歌い方があってこそ、なのである。

桑田佳祐は「どんな文章だって、俺にかかればロックになる」という自信を持っていると考えるのだが、言い換えれば、桑田は「どんな心情だって、俺にかかればロックに乗せて吐露できる」という自信をも持っているのだろう。「日本語ロック発声家」を超えた「日本語ロック心情吐露家」としての桑田佳祐である。

このパートの最後を飾る「♪人間、失格。」のシャウトには、表現者・桑田佳祐の色んな自信が詰まっているのだ。

「彼奴等《あいつら》如きをモミつぶすは、虫ケラより容易《たやす》いことだ」

中期ビートルズ風の『人間失格』に続いて、後期ビートルズ『レット・イット・ビー』（70年）風の伴奏に乗せて、有名な「♪やは肌のあつき血潮にふれも見でさびしからずや道を説く君」のフレーズが歌われる与謝野晶子『乱れ髪』、インド音楽風の芥川龍之介『蜘蛛の糸』を経て、この曲全体のメインパートとも言える、小林多喜二『蟹工船』に至る。

労働者の現実を描くプロレタリア文学の傑作と言われるこの作品。それだけに表現も強烈で、蟹工船の中で虐げられる漁夫の姿が、その強烈な表現を通して、生々しく描かれていく。

強烈な歌詞とのバランスを考えたのか、伴奏は抑制的。テンポも遅めのバラードで、その分、強烈な歌詞が際立つこととなる。

中でも「糞壺《くそつぼ》」という言葉に驚く。「♪蟹の生ッ臭いにおいと 人いきれのする『糞壺』の中に線香のかおりが、香水か何かのように、ただよった……」。

ちなみに「糞壺」とは、『蟹工船』内で、船の中で漁夫が吹き溜まっている「穴」のような場所を指す言葉で、「煙草の煙や人いきれで、空気が濁って、臭く、穴全体がそのまま『糞壺』だった。区切られた寝床にゴロゴロしている人間が、蛆虫《うじむし》のようにうごめいて見えた」と表されている。

さて、先に『蟹工船』が「この曲全体のメインパート」と書いたが、その理由として、この曲が発表された前年＝08年に「蟹工船ブーム」が起きたという事実がある。

このブームが、生半可なものではなかったことの証として、「蟹工船」という言葉が、何と「2008ユーキャン新語・流行語大賞」に選ばれているのだ。集英社『imidas』のサイトには、「『蟹工船』ブーム」(09年2月)という項目があり、こう記されている。

派遣労働者の〝派遣切り〟といった経済不況の風をまっこうから受け、労働環境がきわめて悪化したことから、過酷な労働環境と労働者の団結を描いたプロレタリア文学の古典である小林多喜二の『蟹工船』がにわかにブームとなった。生活も職も心も不安定な立場に置かれた人々を意味するプレカリアートの運動を提唱していた作家の雨宮処凛が高橋源一郎との対談で、現在の若年労働者の環境の過酷さが、『蟹工船』の時代と社会状況が似ていると発言したことがきっかけで、ある書店が新潮文庫の『蟹工船/党生活者』を平積みにして展示したところ、若い読者を中心に驚くべき売れ行きを示したという。

08年1年間だけの売り上げが、各社の文庫版・マンガ版などの総計で80万部に迫るベストセラーになったというのだから、凄まじいブームである。もちろんその背景には、長引く景気低迷やリーマンショックを受けた「プレカリアート」の流れがあった。

また、この《声に出して歌いたい日本文学〈Medley〉》が発表された番組『音楽寅さん』第15回の2回前、第13回（7月20日）放送「海の日記念スペシャルライブ」で桑田佳祐は《Oh！クラウディア》の歌い出しを「♪先の見えぬ海を『日本』という船が行く」などと替えて歌っている。

09年の夏、桑田佳祐の胸中においても、国の未来を憂うような気持ちが高まっていたのだろう。そんな胸中の表現として、『蟹工船』のパートがあったのだと思う。そして、曲は突然転調し、「♪諸君、とうとう来た！」の掛け声とともに、労働者が立ち上がる――「♪彼奴等如きをモミつぶすは、虫ケラより容易いことだ」「♪ストライキだ」。

『蟹工船』発表から、ちょうど80年経った09年の夏、まるで、蟹工船が進んだ函館の海と同じように、桑田佳祐の胸中で、海が荒れ始めていた――。

第三章　20世紀で懲りたはずでしょう？（2011～2022）

19．桑田佳祐《月光の聖者達（ミスター・ムーンライト）》

作詞：桑田佳祐、作曲：桑田佳祐、編曲：桑田佳祐
アルバム『MUSICMAN』収録、2011年2月23日

「夜明けの首都高走りゆく　車列は異様なムードで」

『MUSICMAN』というアルバムには思い入れがある。

その理由として、まずは、このアルバムのレコーディング中、桑田佳祐に食道がんが見つかり、入院をしたものの復帰。待望の復帰第一作となったことがある。また、入院の影響もあったのか、高密度の楽曲が揃う、実にウェルメイドなアルバムだったことも大きい。

という名アルバムの中から、2曲選ぶとすれば、NHK『紅白歌合戦』でも歌われた

《それ行けベイビー!!》とこの曲となる。

「月光の聖者達」と書いて「ミスター・ムーンライト」と読ませる。「ミスター・ムーンライト」からも分かるように、この曲のテーマはビートルズだ。具体的に言えば、1966年の6月29日から7月3日に及ぶ、ビートルズの来日公演のことを歌っている。

アルバム『MUSICMAN』の初回生産限定盤には、CDに加えてDVD、そして104ページにわたる冊子が入っている。その冊子には、ビートルズの来日公演についての、桑田佳祐本人のコメントが残されている。

あの日、ビートルズが羽田空港に着き、その足で宿泊先である赤坂のヒルトンホテルへと向かう様子が延々とテレビ画面に映し出され、夜明けの首都高速を「Mr. Moonlight」をバックに走っていくビートルズ一行を乗せたアメ車のキャデラックを、数台のパトカーが先導していく映像が今でも鮮明に焼き付いている。

桑田佳祐が語るのは、日本テレビ系のビートルズ来日公演の番組内で放映された映像のこと。当時のことを知る人の多くが、この映像の衝撃を語る。演出したのは、日本テレビの佐藤孝吉。後に『アメリカ横断ウルトラクイズ』や『はじめてのおつかい』などを生み出す名物ディレクターとなる人物。

その佐藤孝吉は、ビートルズの音楽については、詳しくなかったというからおかしい。しかし、だからこそ、あのシーンに《ミスター・ムーンライト》（64年）を選曲できたのではないかという気もする。

《ミスター・ムーンライト》の映像が、抜群の衝撃性を持った理由としては、肝心の本編の演奏に、だらしがなかったということもあろう。

ビートルズファンということもあり、私は、来日公演を含むビートルズのライブ演奏を、何度となく見ているが、来日公演の演奏のクオリティは、おそらく最低水準だと思う。

動画サイトなどに残っている初期のライブ映像、特に《アイ・ソー・ハー・スタンディング・ゼア》の演奏などは、掛け値なく素晴らしいグルーヴに溢れている。対して、来日公演には、グルーヴや覇気のようなものが、決定的に乏しい。

これは私の主観だけではない。当のジョージ・ハリスンも「今日の『恋をするなら』は、ぼくがこれまでやってきたなかで最低だったよ」と語っている（トニー・バーロウ

『ビートルズ売り出し中！』河出書房新社）。

もちろんビートルズの方にも言い分はあろう。1つの要因は、舞台の機材の貧弱さである。そもそもマイクスタンドすら安定せず、ポール・マッカートニーは、何度も何度もマイクの位置を気にしていた。

ただし最も大きな要因は、ライブツアーに疲れ切った本人たちの、ライブへのモチベーションの低さだろう。ジョージ・ハリスンはこうも語っていたらしい――「こういう意味のないステージでいたずらに自分たちを消耗させてるだけなんだ」（前掲書）。

半ば伝説化している来日公演なので、演奏も素晴らしかったと歴史修正されがちなのだが、実際はこのような演奏水準だったのだ。その結果として、演奏そのものよりも、首都高速の映像の方が語られるという結果になったのではないか。

私は思う。もしビートルズの来日公演の演奏が、初期の《アイ・ソー・ハー・スタンディング・ゼア》のようにグルーヴィなものだったとしたら、日本のロックはもっと早く進化したのではないか。そして、グループサウンズ（GS）の音楽的方向性も、もっとロックンロールな方向に修正されたのではないかと。

ただし、そう思いながら、こう考え直す――でも、あの演奏だったからこそ、44年後に名曲《月光の聖者達》が生まれたのだと。

「ビルの屋上の舞台《ステージ》で」

《月光の聖者達》は、来日公演を中間点とした、ビートルズのオールキャリアが描かれている。

1番に出てくるのは「♪古いラジオからの切ない〝Yeah《イエ》 Yeah《イエ》の歌〟」。「Yeah」という言葉が入っているビートルズの代表曲と言えば《シー・ラヴズ・ユー》(63年)。ただ、桑田佳祐少年は63年にまだ7歳なので、リアルタイムではなく、後から聴いたのだろうが。

余談だが、「Yeah」を「イエ(ー or イ)」と表記するまでには、少し時間がかかったようで、ビートルズ映画『ア・ハード・デイズ・ナイト』(64年)の有名な邦題『ビートルズがやって来るヤァ!ヤァ!ヤァ!』の「ヤァ!」は「Yeah」のことだったという。この奇妙な邦題の作者は、後に映画評論家となる水野晴郎。

そう言えば、ローリング・ストーンズ《シー・セッド・イエー》(She Said Yeah、65年)という曲があるのだが、この曲を私が知った80年代前半頃まで、確か《シー・セッド・ヤー》と表記されていた。

そして2番で歌われる「♪ビルの屋上の舞台《ステージ》で　巨大《おおき》な陽が燃え尽きるのを見た」は、有名な「ルーフトップ・コンサート」のことを歌っている。

69年1月30日にビートルズが、ロンドンのサヴィル・ロウ（「背広」の語源となった地名）にあったアップル・コアの屋上で突如行ったゲリラライブ。「燃え尽きる」とされているのは、「ルーフトップ・コンサート」がビートルズの最後のライブパフォーマンスであり、翌70年に事実上の解散をしてしまうからだ。

その演奏シーンは、映画『レット・イット・ビー』や、２０２１年末に配信で話題を呼んだ『ザ・ビートルズ：Get Back』にも組み込まれている。曲目は《ゲット・バック》《ドント・レット・ミー・ダウン》《アイヴ・ガッタ・フィーリング》《リン・アフター・９０９》《ディグ・ア・ポニー》、再度《ゲット・バック》。

来日公演の演奏はグダグダだったが、こちらの演奏はなかなかにタイト。とりわけポール・マッカートニーのベースと歌が、全体をぐんぐんと牽引している。

ロンドンの1月はひどく寒そうなのだが、そんな状況の中でも、特にグルーヴに溢れた《ゲット・バック》のような演奏を、さらりと決めるあたり、さすがはビートルズだと言えよう。

「ルーフトップ・コンサート」が行われた69年1月の時点で、桑田佳祐少年は12歳。映画『レット・イット・ビー』は翌70年夏の公開で、桑田佳祐少年14歳。なので、このあたりはリアルタイムで接していても不思議はない。

様々な洋楽から影響を受けた桑田佳祐だが、その中でも1組だけ選べと言われれば、やはりビートルズになるのだろう。いやむしろ、与えられた影響から生み出された作品の質と量を考えれば、日本最高にして最強のビートルズ・チルドレンである。

70年の夏、大阪で行われている万国博覧会から遠く離れた茅ヶ崎で、「ひとりぼっちの狭いベッド」の上、14歳の桑田佳祐が泣きながら、「ルーフトップ・コンサート」の《ゲット・バック》を聴いている。この少年が《勝手にシンドバッド》をひっさげて、日本にビートルズ級の衝撃を与えるまで、あと8年。


「現在《いま》がどんなにやるせなくても　明日《あす》は今日より素晴らしい」

ビートルズの解散について、自著『ポップス歌手の耐えられない軽さ』で、桑田佳祐自身が実にクールな書き方をしている。

ビートルズが事実上解散したと、新聞の〝片隅に〟そのニュースは出ていた。不思議なものでこの時代に限っては、驚くことに彼らですらもはや〝片隅〟の扱いだった気がする。

ビートルズを愛しに愛した桑田佳祐が、それでも音楽にのめり込み続けたのは、ビートルズに継ぐロックスターが、次々と目の前に現れたからだ。

『ポップス歌手の耐えられない軽さ』では、72年、NHK『ヤング・ミュージック・ショー』でエリック・クラプトンを見て、「アタクシの人生観が変」わる経験をするさまがリアルに描かれている。まさに「明日は今日より素晴らしい」。

桑田佳祐とビートルズの関係は、話は数段落ちるものの、私と桑田佳祐の関係と相似形である。

桑田佳祐の10歳下の私は、兄貴のように思いながら桑田佳祐の音楽を追い続けてきた。あるときは首ったけ、あるときは浮気もしながら、それでも「桑田佳祐の新しい音楽はいい音楽だ」「明日は今日より素晴らしい」と信じ続けて、追いかけてきた。

高度経済成長時代はとっくに終わってしまったものの、私が大学を卒業するまでの景気は、今に比べるとまだまだ成長基調で、こちらも「明日は今日より素晴らしい」という感覚が確かにあった。

そして今、「明日は今日より素晴らしい」という感覚がきれいさっぱり消え失せた令和の空気の中で、私はこの本を書いている。

20. 桑田佳祐《明日へのマーチ》

作詞：桑田佳祐、作曲：桑田佳祐、編曲：桑田佳祐
シングル、2011年8月17日

「明日へのマーチ」「Let's try again」「ハダカDE音頭～祭りだ!! Naked～」

右に並べたのは、歌詞ではなく、2011年の8月に発売されたトリプルA面（！）シングルの曲順である。今回は、この3曲が1枚のシングルに入っている意味を考察してみたいと思う。

東日本大震災の5ヶ月後に発売されたシングル。このシングルと初回完全生産限定盤特典の「明日へのレインボータオル」から得られる収益の一部は、東日本大震災からの復興支援活動等の資金として、日本赤十字社および地方公共団体に対して寄付されると

いう前提で発売されたもの。

という「真面目」な目論見のシングルなのだが、こういうときにこそ発動するのが、桑田佳祐のバランス感覚である。

まず、「真面目」な目論見をど真ん中で体現するのが、2曲目の《Let's try again》だ。このシングルでの正式タイトルは《Let's try again ～kuwata keisuke ver.～》。

意味合いとしては、この曲、桑田佳祐も所属する芸能事務所＝アミューズの音楽家／タレント／俳優たちで構成された「チーム・アミューズ!!」名義で、同年5月に発売された曲の、桑田本人によるセルフカバーだということ。

「♪ニッポンの元気な未来へ　みんなで立ち上がれ　Let's try again!!」と歌うのだから、東日本大震災後に、日本を席巻した「がんばろうニッポン」的なメッセージを、かなり直截的に表現したものになっている。そういう意味では、桑田佳祐っぽくないような気がするが、当時のあの切迫した空気や様々な事情が、たとえ桑田佳祐といえども、こういう歌詞に至らせたのだろう。

一方、3曲目の《ハダカDE音頭～祭りだ!! Naked～》は、《Let's try again》の真逆を行くエロ・ナンセンス・ソング。「♪AKBの姐ちゃんとおっぴろげのげ」「♪イカ

すあの娘《コ》の艶姿　惚れてオイラは竿立てた」と来るのだから、何ともはやである（一応、「♪平和の夢を見て」というフレーズもあるが）。

東日本大震災に対するメッセージとして、桑田佳祐らしからぬ直截的な《Let's try again》がまずあって、それに対する真逆としての、徹底したエロ・ナンセンス・ソング＝《ハダカDE音頭》を並べることで、全体の印象を中和させようとするあたりに、桑田らしいバランス感覚を感じるのだが。

しかし、多くの桑田佳祐ファンは、《Let's try again》より、《ハダカDE音頭》より、やはり《明日へのマーチ》を選ぶだろう。正直、楽曲としての完成度や、歌詞に表れている桑田の真摯な人間性によって、このトリプルA面シングルは「《明日へのマーチ》とそれ以外」という構造になる。

そんな質感の作品であっても、桑田佳祐自身がスマートフォン役を演じるNTTドコモのCMソングに使われるほどポップに仕立てられていることや、曲中に豆腐屋のラッパのような音が入ることにも、桑田流バランス感覚の徹底的なしつこさを確かめるのだが、それでも、この曲の名曲性は揺るぐことはない。

い。

「願うは遠くで　生きる人の幸せ」

《明日へのマーチ》の魅力は、歌詞の中に「がんばろうニッポン」的なメッセージが組み込まれていないことにあると思う。「明日《あした》へのフレー!!フレー!!」というフレーズはあるものの、この曲の牧歌的な曲調の中では、決して押し付けがましくは聴こえてこない。

阪神・淡路大震災あたりを起点として、東日本大震災を本格的な契機として、「がんばろうニッポン」的なメッセージを、音楽家が臆面もなく語ることが当たり前になってきた。さらに「私の音楽で、この国を元気にしたい」という、聞きようによっては、何とも傲慢な目線の発言さえ、頻繁に耳にするようになった。

相次ぐ災害（天災だけでなく人災含む）の発生に加えて、こちらはＫＡＮ《愛は勝つ》（90年）や大事ＭＡＮブラザーズバンド《それが大事》（91年）あたりを起点とした「がんばろう系平成Ｊポップ」のムーブメントも合流した結果だと思う。「がんばろうニッポン」「この国を元気に」的なメッセージが溢れ、逆に、シリアスな空気を茶化すような発言には、即座に「不謹慎ポリス」が発動する。

そんな窮屈な空気が立ち込め始める中、桑田佳祐は、牧歌的なアレンジを選択し、かつ歌詞も、直截的なメッセージを控え、情景描写が延々と続くアプローチを選択した。「♪遥かなる青い空　どこまでも続く道」と、歌い出しからシンプルな情景描写である。ただその描写が「明日へのマーチ」というタイトルの下で発動するのだから、その「空」、その「道」は必然的に東北の「空」「道」ということになる。

注目するべきはサビの「♪願うは遠くで　生きる人の幸せ」というフレーズだ。桑田佳祐の発音を聴けば、この「遠く」（とおく）に意図的に「東北」（とうほく）を込めているように思われる。ただし歌詞カードには「遠く」としか書かれていない。つまり、さりげなく、そっと忍ばせているのだ。「東北」のことを。

このあたりのシャイさ、押し付けがましくないスタンスこそが、桑田佳祐的と言えるだろう。「願うは東北で　生きる人の幸せ」となれば直截過ぎて、汎用性が損なわれよう。「♪願うは遠くで　生きる人の幸せ」とすることで、地理的エリアとしての「東北」を超えて、聴き手それぞれの心の中にある「遠くで生きる人」全てに、作品が開かれていく。

そう考えると、次に来る「♪風吹く杜」の「杜《もり》」は、「杜の都」と言われる仙台のことを込めているはずだ。また「♪芽ばえよ　かの地に生命《いのち》の灯を絶やさず」は、原発事故によって広いエリアに避難指示が出て、人の命が見えなくなった福島県のことを指すのかもしれない。

時事通信社による「帰還困難区域」の定義（21年2月時点）＝「東京電力福島第1原発事故後に年間放射線量が50ミリシーベルトを超え、国が原則立ち入りを禁止した区域。原発周辺の7市町村にまたがり、面積は県土の約2・4パーセントを占める約337平方キロメートル。住民登録者は2021年1月末で約2万2000人」——あれから10年経っているにもかかわらず、である。

願うは、遠くで生きる人の幸せ。芽ばえよ、かの地に生命の灯を絶やさず——。

「輝く海　美しい町」

東日本大震災後、桑田佳祐の動きは早く、精力的だった。先に紹介した「チーム・アミューズ!!」版の《Let's try again》の発売が11年5月。《明日へのマーチ》を含むトリプルA面シングルの発売が8月。

そして、大震災からちょうど半年後となる9月10日・11日には「宮城セキスイハイムスーパーアリーナ」の一般利用再開後初のライブコンサートにして、桑田本人の病気療養後初の復活ライブとなった「宮城ライブ～明日へのマーチ!!～」を開催。ちなみにこの「宮城セキスイハイムスーパーアリーナ」(宮城県総合運動公園総合体育館)は、大震災後、災害で亡くなった人々の遺体安置所になっていたところである。

そのような流れの中で《明日へのマーチ》が発表されたのだが、実はこの《明日へのマーチ》の別バージョンが、シングル《ヨシ子さん》の初回限定盤のボーナストラックに収録されているのだ。正式なタイトルは《明日へのマーチ(Live at Onagawa Station－2016.03.26－)》。

「Onagawa Station」とは宮城県のJR女川《おながわ》駅のこと。女川町の臨時災害放送局「女川さいがいFM」が、16年3月29日に閉局するということを知った桑田佳祐が、閉局直前の3月26日に、自身がレギュラーを務めるFM番組=『桑田佳祐のやさしい夜遊び』を女川から生放送をすることを決定。そのときに演奏された《明日へのマーチ》のライブ音源である。

女川さいがいFMには、サザンオールスターズについての、実に印象的なエピソードがある。『朝日新聞デジタル』の「やっと流せたTSUNAMI　迷い、振り返れる日いつか」という記事より(18年10月12日)。少し長くなるが、引用する。

2015年3月。

宮城県女川町の女川さいがいFMに、埼玉の「ソルトさん」からリクエストのメールが届いた。郷里の同県南三陸町で、母親が津波に流されたという男性だ。曲は、サザンの「TSUNAMI」。

「職場の人とカラオケに行くと誰かが必ず歌っていましたが、震災後は敬遠されています。変に気を使われているのが、たまに苦しくなる。いい加減、必要以上の気づかいはお互いやめた方がいい」

番組のパーソナリティーは、自身も石巻市立大川小学校で次女を亡くした佐藤敏郎さん(55)。ソルトさんの言う通りだと思った。ところがリクエストを読み上げると、スタジオに遊びに来ていた地元の人たちの表情が、一瞬曇った。女川は町民800人以上が津波の犠牲になっている。

「震災のせいで行けない場所、言えない言葉、歌えなくなった歌、そんなもののない方がいい。でもいろんな記憶がよみがえるのも事実。きょうはまだ厳しいかな」。この日は結局、かけられなかった。

佐藤さんにとって、積み残しの宿題になった。女川さいがいFMは1年後の16年3月末で閉局。自分の番組の最終回で、ギターを手に「TSUNAMI」を歌った。今度はスタジオのみんなが声を合わせた。

「年月がたっても悲しみは変わらないし、忘れるものでもない。大切なのは、自分の足で一歩を踏み出すタイミングです」と、佐藤さんは振り返った。

こんなエピソードを持つ場所で歌われた《明日へのマーチ》は、スタジオバージョンとは、ちょっと違った感じで響いてくる。例の「♪願うは遠くで　生きる人の幸せ」の「遠く」も、心なしか「東北」に近い発音で歌われているように感じる。

町民800人以上が津波の犠牲になった女川は、海に近い町である。そこで歌われた《明日へのマーチ》の最後のフレーズは「♪輝く海　美しい町」。その瞬間、《明日へのマーチ》は、海沿いの町＝女川の人々にとって、輝く歌、美しい歌となったことだろう。

21. サザンオールスターズ《栄光の男》

作詞：桑田佳祐、作曲：桑田佳祐、編曲：サザンオールスターズ
シングル（《ピースとハイライト》カップリング）、2013年8月7日

「ハンカチを振り振り　あの人が引退《さ》るのを　立ち喰いそば屋の　テレビが映してた」

2013年に発売された《ピースとハイライト》のカップリングである。《ピースとハイライト》と《栄光の男》の組み合わせなのだから、このシングルは歌詞の意味性の面では超重量級だ。本書では、両曲とも取り上げようと思っているのだが、まずはカップリングから。

歌われているのは言うまでもなく、1974年10月14日、長嶋茂雄の引退セレモニーのことである。この項のタイトルに続く歌詞は「♪シラけた人生で　生まれて初めて

割箸を持つ手が震えてた」。

13年の5月5日に行われた、長嶋茂雄と松井秀喜の国民栄誉賞授与式がきっかけとなってできた曲という（余談だが、その式にアンパイヤ役で参加したのが安倍晋三元首相）。

その2年後の15年1月3日にTBS系で放送された『独占！長嶋茂雄の真実　～父と娘の40年物語～』という番組において、桑田佳祐は「長嶋さんが引退した時もボロ泣きだったんですけど、長嶋さんを見る時は大体泣いてることが多いんですよ、僕は」と語ったらしい。

長嶋茂雄と桑田佳祐には通じるところがあると思う。いや、桑田佳祐を「日本ロック界の長嶋茂雄」と言い換えてもいいくらいだ。自由で快活な国民的英雄。ジメジメと湿っていた日本の戦後を、からっと明るく開放した戦後民主主義の象徴――。

しかし、ここで注目したいのは、桑田佳祐87年の自著『ブルー・ノート・スケール』における本人の発言である。そこで桑田は「もう王、長島の時代じゃないから」「O・Nみたいにはなれないと当時から思ってた」と、長嶋茂雄をやや突き放すような言い方をしているのだ。

逆にこの本で、桑田佳祐が強い共感を示しているのが、落合博満に対してである。その個人主義的側面を称賛した上で、「落合には共感するね。凄く分かるんだ。彼がやろうとしていることが凄く」「もし野球が出来なくなったらうちのサザンへいらっしゃい（笑）」とまで言っている。

野球に詳しくない方のために補足すると、アマチュア時代からその名をとどろかせ、人気球団・巨人軍ひとすじ。その巨人の中でも最高の人気選手だった「ミスタープロ野球」＝長嶋茂雄に対して、陽の当たらない道を歩き続け、腕一本、実力だけでのし上がり、史上初、三冠王を3度獲得した叩き上げの「オレ流」個人主義者＝落合博満。意味するところは真逆となる。

つまり、長嶋茂雄という「国民的英雄」と、落合博満という「個人主義的英雄」両方の要素を、桑田佳祐の内面は併せ持っているということである。そして、1億人向けの「ナショナル桑田佳祐」と、たった1人の「パーソナル桑田佳祐」の共存。この両輪が、桑田佳祐、ひいてはサザンの魅力の大きな形成要素になっていると考えるのだ。

メガセールス、大規模ツアー、必要以上のサービス精神……という、額面上／表面上の桑田佳祐は自由でドライな「ナショナル桑田」なのだが、そんな「ナショナル桑田」のそこかしこ、節々に垣間見える、デリケートでウェットな「パーソナル桑田」がたまらないという構造。

「ナショナル桑田」の姿を見ていて、疲れてしまうことが多い私も、同時に「パーソナル桑田」のひだひだに触れているからこそ、その「パーソナル桑田」が、ある責任感と覚悟を持って「ナショナル桑田」を演じている（ように見える）さまに共感してしまうのだ。

長嶋茂雄を振り出しに、ちょっとややこしい話になってしまったが、さらに話をややこしくすれば、実は落合博満も長嶋茂雄の大ファンで、「長嶋監督の下で優勝したい」という一念で93年、中日から巨人にＦＡ移籍、翌年その夢を見事に達成した男なのである。

――♪「永遠に不滅」と　彼は叫んだけど　信じたモノはみんな　メッキが剝がれてく

長嶋茂雄が象徴した戦後民主主義や、落合博満が象徴した個人主義、その両方が揺らいでいる時代である。《栄光の男》という曲は、こんな時代にこそ求められていくと思う。できれば、桑田佳祐の誘いに乗った落合博満が加わった「サザンオールスターズ

feat. 落合博満」のバージョンで聴いてみたい。

「現代《いま》この時代《とき》こそ　『未来』と呼ぶのだろう」

——♪ビルは天にそびえ　線路は地下を巡り

《栄光の男》の2番。このフレーズに続くのが、右に掲げた「現代《いま》この時代《とき》こそ　『未来』と呼ぶのだろう」である。

確かに自分は今、あのとき、あの頃夢見た「未来」の場にいる。にもかかわらず、何だ、この荒涼とした風景は！

長嶋茂雄が象徴した戦後民主主義や、落合博満が象徴した個人主義。その2つの価値観を併せ持つ存在として、桑田佳祐は時代の寵児となり、昭和、平成、令和と、時代の寵児であり続けた。

そんな桑田佳祐の思想や感性を育んだものは、高度経済成長だったと思う。《月光の聖者達》で歌われた「♪明日は今日より素晴らしい」という歌詞は、高度経済成長と、高度経済成長によって形作られた桑田佳祐の根本思想・根本感性を、見事に表現している。

しかし、バブル崩壊があり、リーマンショックがあり、本人の大病があり、東日本大震災があり……。その中で、桑田佳祐の目に映る社会の景色は、がらっと変わってしまったのではないか。

——♪季節の流れに　俺は立ち眩み　浮かれたあの頃を思い出す

「季節の流れ」は「時代の流れ」と言い換えて良いだろう。「浮かれたあの頃」とは、桑田佳祐が、湘南の片隅に生まれてから、音楽家として名を成すまでの、昭和の高度経済成長時代のことだろう。

サザンのアルバム『葡萄』には、「浮かれたあの頃」から、まるっきり変わってしまった景色が投影された作品が目立つ。国際問題に切り込む《ピースとハイライト》や、桑田佳祐の死生観のようなものが表現されている《はっぴいえんど》、そして《栄光の男》。

言い換えると、先に述べた「パーソナル桑田」の感性が横溢している。さらに言い換えると還暦を超えた「人間・桑田」の心の声が聴こえる。だから、桑田佳祐のたった10歳年下の私は、アルバム『葡萄』に、他のアルバムを超えた親しみを感じるのだ。

本書の元となった、『水道橋博士のメルマ旬報』連載時のタイトルは「読む桑田佳祐～戦後民主主義を謳歌した詞《ことば》」。基本的人権の象徴、国民主権、平和主義に裏打ちされた「表現の自由」を、ここまで謳歌した人は、桑田佳祐をもって他にはいないだろうという思いを込めている。

しかし、《栄光の男》は戦後民主主義を、まったく謳歌していない。むしろ、戦後から遠くの「未来」から、戦後民主主義を懐かしんで、慈しんでいるような歌だ。言わば「戦後民主主義を悲歌《エレジー》した詞《ことば》」なのである。

「居酒屋の小部屋で　酔ったフリしてさ　足が触れたのは故意《わざ》とだよ」

と、非常に深遠なテーマを歌っていたはずのこの曲は、終盤で、おそろしく瑣末でしみったれた話に帰結する。

シチュエーションは会社の飲み会だろうか。主人公のオヤジ（桑田佳祐本人とダブる）

と、おそらくその部下の若い女性社員が呑んでいる。オヤジは「キミに惚れちゃった」のだが「立場があるから口に出せない」と、今様のコンプライアンスに配慮した気持ちでいる。

しかし居酒屋で「酔ったフリ」をして「故意」にその女性の「足」に「触れ」るのである。つまりは、コンプライアンスに配慮していたにもかかわらず、セクハラをしてしまうのだ。

文脈からすると、女性の「足」に「触れ」たのは、主人公のオヤジの足だ。足と足がさっと触れたというのであれば、セクハラの中では、かなり微妙なものだろう。つまりこのオヤジは、大それたセクハラをする「勇気」すらない男なのである。

天下国家を憂いていたはずのこの曲が、いつのまにか、セコいオヤジのセコいセクハラの話になっている。この段差たるや。

「バランス感覚」——本書で何度となく出てくる頻出ワードである。桑田佳祐一流のバランス感覚。そういえば、「ナショナル桑田」と「パーソナル桑田」の両立も、桑田のバランス感覚のなせる業なのだが。

そんなバランス感覚が、この曲1曲の中にも息づいている。「♪『永遠に不滅』と

彼は叫んだけど　信じたモノはみんな　メッキが剝がれてく」と「♪足が触れたのは故意《わざ》とだよ」が、1つの曲の中に両立しているのだから凄い。

本書では、すでに証明済みだろう、このバランス感覚こそが、桑田佳祐を第一線に立ち続けさせているものだということが。

絶えずグラグラと揺れ続ける第一線の舞台の上で、天下国家、もしくはセクハラだけの一本足打法では、すぐにひっくり返ってしまう。天下国家とセクハラの両足ですっくと立つことの安定感こそが、桑田佳祐の安定感なのだ。

このあたりは、小説家や政治家として本質的な提言や活動を重ねながら、一方で『東京ペログリ日記』を書き続けた「価値紊乱者《びんらん》」＝田中康夫にも通じる部分だと思う。ちなみに田中康夫と桑田佳祐は、同じ1956年生まれ。

――♪生まれ変わってみても　栄光の男にゃなれない

と歌った桑田佳祐が、日本ロック界における「栄光」をほしいままにしているというパラドックス。「O・Nみたいにはなれないと当時から思ってた」くせに「日本ロック界の長嶋茂雄」になっているというパラドックス。

しかし、これが実はパラドックスではなく、「『栄光の男にゃなれない』と歌うからこそ『栄光の男』になれた」という、主語と述語が言わば「順接」の関係であることを、桑田佳祐のファンはみんな知っている。

22. サザンオールスターズ《はっぴいえんど》

作詞：桑田佳祐、作曲：桑田佳祐、編曲：サザンオールスターズ、弦編曲：島健
アルバム『葡萄』収録、2015年3月31日

「はっぴいえんど」

2020年末の配信ライブ「ほぼほぼ年越しライブ」で印象的に響いた曲。15年発売のアルバム『葡萄』に収録されている。

タイトルからも分かるように、あの天下無敵のサザンが、あの自由奔放な桑田佳祐が「死＝はっぴいえんど」について歌っている。それでも当時、この曲を聴いて、意外な印象はまったくなかった。

それはもちろん、桑田佳祐が10年の夏に入院したという事実を、まだ生々しく憶えて

いたからである。

7月に食道がんが発覚、食道と胃をつなげる、6時間にも及ぶ大手術を行い、ICU（集中治療室）での入院生活を経て、8月22日に退院。

この経験は、桑田佳祐にとって決定的なものだっただろう。そして傑作ソロアルバム『MUSICMAN』を経て、この《はっぴいえんど》に至る。

レトリックや造語で、メッセージに煙幕を張ることが多い桑田佳祐にしては、この曲の歌詞はとても明瞭である。そもそも桑田自身が、アルバム『葡萄』の「完全生産限定盤」に収められたブックレット＝「葡萄白書」で、歌詞に込めた意図をこう語っている。

それでも書き進むうちに、およそ10年振りのニューアルバムにあたって、メンバーへの思いや、ふとした病で迷惑をかけた時の礼や詫びも入れてしまおうと思った。

私の音楽人生が果たしていつまで続くか分からないが、そうしょっちゅうも歌える類の歌でもないし、たまにはこういう曲も歌っておきたかったのだ。特に原さんに対しては、あらたまって「ありがとう」とはなかなか言い辛いから。

さて、具体的な歌詞については後述するとして、私がまず着目したいのは、タイトル「はっぴいえんど」である。無論、あの伝説のバンド「はっぴいえんど」と、一字一句同じ文字列という点に感じ入るのだ。

はっぴいえんどの系譜とサザンの系譜は、ほとんど交わることのない、まったく別物のラインという感じがする。「知性・陰気・マイナー・東京」のはっぴいえんどと、「反知性（?）・陽気・メジャー・全国区」のサザンという根本的な差異。

「知的・陰気・マイナー・東京」がありがたく見えるせいか、多くの日本ロック本を覆っている「はっぴいえんど中心史観」に対して、「はっぴいえんどを超えるであろう、サザンや桑田佳祐の巨大な功績をきちんと測るべきだ」と、私はそこかしこで警鐘を鳴らし続けてきたのだが。

しかし、桑田佳祐は過去に、元はっぴいえんど・細野晴臣やティン・パン・アレーに憧れていたという発言も残しているし、また桑田のボーカルには、はっぴいえんど時代の大滝詠一ボーカル成分が、一定量配合されている感じがする。

また、ファーストアルバム『熱い胸さわぎ』に収録された《いとしのフィート》の歌詞の内容は、はっぴいえんど《春よ来い》（70年）のオマージュになっている。ちなみに演奏は、タイトルにもあるように、アメリカ西海岸のバンド＝リトル・フィートの影響を受けているが、はっぴいえんどはラストアルバム『HAPPY END』（73年）でリトル・フィートとも共演しているのだ。

桑田佳祐が自らの死を想定して、その死に「はっぴいえんど」と名付けることで、はっぴいえんどと桑田が惑星直列した――。多くの人にはどうでもいいことだろうが、私を含む、日本ロック史に意識的なロックファンは、この事実に、少しばかり興奮するのである。

「時は流れ　互いの良いところ　駄目過ぎるところ　知り抜いて」

桑田佳祐と原由子が、いわゆる「おしどり夫婦」であることは、サザンや桑田佳祐の人気の永続化に対して、大きな影響を及ぼしていると思う。

それはもちろん、2人の仲の良さが、つまらないスキャンダルを回避し、スキャンダル嫌いのファンの離反を防いでいるという一次的な意味合いもあるが、加えて、絶えずやんちゃし続ける桑田佳祐を、後ろからにっこり微笑む原由子が中和し、サザンや桑田の「国民的」なイメージを保持するという、二次的な意味合いの方が大きい。

逆に言えば桑田佳祐は、それほどまでにやんちゃし続けてきたということだ。その頂点を成すのが、1982年のNHK『紅白歌合戦』における《チャコの海岸物語》となる。三波春夫のパロディ（それも底抜けに下品な）のような格好の桑田が、ハチャメチャな歌とMCを繰り広げた、あのステージ。

あのときも、昔の女学生のような羽織袴姿（！）の原由子が、桑田佳祐を後ろからにっこりと見つめていたことで、絵面《えづら》が中和され、毒気が抜かれ、エンターテインメントとして昇華したと見る。それほどまでに、2人の仲の良さは、サザンや桑田にとって重要な要素だと思われるのだ。

ただし、桑田佳祐自身から、その「おしどり夫婦性」を、言葉として発せられたことは、ほとんどなかったと思う（82年の結婚披露宴を除いて）。言う方も聞く方も照れる話だし、何より、桑田自身が、そういうことを口にしない（桑田語で言えば）「シャイ」なところがあるからだ。

しかし、この《はっぴいえんど》では「♪時は流れ　互いの良いところ　駄目過ぎるところ　知り抜いて」と歌うのである。82年紅白のときとは逆に、桑田佳祐の方から原由子を見つめて、にっこりと微笑んでいるという構造。

いよいよ「おしどり夫婦性」の解禁だ。

もちろん、解禁のきっかけは、桑田佳祐の入院である。原由子が献身的なサポートをしたと伝えられるが、その証《あかし》として、桑田の入院から約半年間、当時、『朝日新聞』で原が連載していた「あじわい夕日新聞」が中断している。

連載復活は入院の翌年、11年の1月7日。タイトルは「明日は今日より素晴らしい」。


退院後のアルバムレコーディングで一番最後に歌った曲は、ビートルズへのオマージュとも言える曲。今回の経験を経たからこそ出来た曲だと思っています。「現在《いま》がどんなにやるせなくても　明日《あす》は今日より素晴らしい」（月光の聖者達《ミスター・ムーンライト》）。桑田がまた歌ってくれた事、そして、音楽の神様に感謝します♪（原由子『あじわい夕日新聞〜夢をアリガトウ〜』朝日新聞出版）

「桑田がまた歌ってくれた事」に感謝するなど、「おしどり夫婦性」があからさまだ。

しかし、読んでいて不快な感じや照れる感じは一切なく、むしろ微笑ましいのは、この夫婦が50代半ばとなり、入院・手術を経たという事実を、我々ファンが重々知っているからである。

そして、このエピソードには、さらなる布石があった。同じく「明日は今日より素晴らしい」の項より。

桑田が手術に入る時のBGMはボズ・スキャッグス。私は、桑田の大好きなビートルズのアルバムを1枚目から順番に聴き、祈りながら手術が終わるのを待っていたのですが、心配がピークに達した頃に聴いた「レット・イット・ビー」には救われました。

《レット・イット・ビー》から《月光の聖者達》へ——。

本書でも取り上げた、ビートルズに捧げられた桑田佳祐の名曲《月光の聖者達》の背景に、妻が祈るように聴いたビートルズ《レット・イット・ビー》があったという事実！

「旅の途中で羅針盤　キミに預けたら」

て考察する。

「おしどり夫婦性」にほのぼのとした後は、再度、この曲のテーマである「死」につい

この曲の中で明示されているのは、「ボク（桑田佳祐）はキミ（原由子）より早く死ぬ」ということである。それを詩的に表現すれば「♪旅の途中で羅針盤　キミに預けたら」となるし、もう少し愚直に表現すれば「♪ボクよりも長く　生きるキミよ」となる。

「妻より早く死にたい」というのは、男の本懐なのだろうか。そう言えば、さだまさしも《関白宣言》（79年）で「♪俺より先に死んではいけない」「♪俺より早く逝ってはいけない」と歌っていた。

「妻より早く死にたい」と思うのは、「妻の死という悲しみを味わいたくない」というロマンティックな思いから来ている気もするが、でもそれ以上に「人生の最後まで妻に甘えたい」という思いの方が上回る気がするのだが。

その後に歌われるのが「♪旅の終わりがハッピーエンドなら　いいのに」。「ハッピーエンド」＝「安らかな死」。愛する妻＝原由子に見届けられる、安らかで穏やかな最期。

このあたりは、手術のとき、桑田佳祐の脳裏に去来したイメージなのだろう。余計な

恥じらいや計算もなく、心からの願いを、ストレートに表現しているさまが、とてもすがすがしい。《はっぴいえんど》において、日本ロックはついに「死」までをテーマとして取り込むことができた。

無論、これまでにも、荒井由実《ひこうき雲》（73年）をはじめ、「死」を歌った楽曲はあったのだが、この高齢化社会の中、自分の安らかな死を、妻との関係の中で、ポジティブに歌い切ったのは画期的だろう。

そして何より、「自分」と「妻」とは、あのロックスター＝桑田佳祐と原由子なのだ。視点は「死」から「現在」に戻る。病から復帰した桑田佳祐の「現在」とは「♪歌うことしかない人生」となる。この宣言に、ファンは安堵し、勇気付けられるだろう。

歌詞の中では、2つの音楽（ジャンル）が提示される。「♪昇る朝日がボサノヴァを歌っていた」、「♪燃える太陽がロックンロールを踊っている」。

まったくの深読みになるが、私が思ったのは、サザンのファーストアルバム『熱い胸さわぎ』の冒頭のことだ。ボサノヴァと言えば2曲目の《別れ話は最後に》、ロックンロールと言えば1曲目の《勝手にシンドバッド》。

「死」に意識を経由した桑田佳祐が、再度原点に立ち戻ったと思うのは、考え過ぎだろうか。

「朝日」や「太陽」は、生命へのパッションを表現するメタファー。熱いパッションでボサノヴァからロックンロールまでを歌い続けて「はっぴいえんど」を迎える桑田佳祐を見つめながら、オールドファンの我々も、人生の「はっぴいえんど」に向かっていく。

23. 桑田佳祐《ヨシ子さん》

作詞：桑田佳祐、作曲：桑田佳祐、編曲：桑田佳祐&片山敦夫
シングル、２０１６年６月29日

「R&Bって何だよ、兄ちゃん（Dear Friend）？　HIPHOPっての教《おせ》えてよ　もう一度（Refrain）」

ソロ桑田佳祐としては、現段階で最新アルバムの『がらくた』に収録された1曲、《ヨシ子さん》。シングルとして、その前年に発売されている。

シングル発売に際して、かなり強烈なプロモーション活動が行われたことを記憶している。頻繁にテレビに出演し、派手な格好と踊りで、このシュールな歌を披露する姿には驚いたし、正直「何もそこまでしなくとも」と思ったものだ。

何といってもタイトルが「ヨシ子さん」なのだから。私世代にとっては「♪ヨシコさん　こっち向いて～」と歌う初代・林家三平（現・三平の父親）のネタなのだから（そう言えば、桑田佳祐と初代・林家三平には、その「業」のようなサービス精神など、共通点が多いと思う）。

ただ、単にシュールなコミックソングではなく、少しばかり戦略的な歌詞なのではないかと思い直して、今回は、この破天荒な歌詞を真正面から分析してみたいと思い立ったのだ。まずはこの項のタイトルに掲げた冒頭の歌詞である。続くのは「♪オッサンそういうの疎いのよ」「♪サタデー・ナイトはディスコでフィーバー」。

つまり「音楽（洋楽）の最新トレンドが分からない」という嘆きを歌っているのである。もちろん、この一文には主語が隠されている。書き足すと「日本を代表するロックスターの座をほしいままにし続けてきた、この俺にしても、いよいよ――音楽（洋楽）の最新トレンドが分からない」。

それにしても「♪サタデー・ナイトはディスコでフィーバー」とは、あまりにベタ過ぎないかと思うのだが。

ここで気になるのは、《ヨシ子さん》発売時における、桑田佳祐と音楽評論家・萩原健太との対談記事の中の、萩原のこの発言だ。

萩原：ニューシングルの「ヨシ子さん」、いいね。基本、あれは打ち込みでしょ？　あの手の〝ドッツ ドドッチ ドッツ ドドッチ〟っていうリズムって、最近ヒップホップでよく聴くけど。意識して……はいないか（笑）。（Real Sound「桑田佳祐、ネット初登場！　新曲と音楽を大いに語る『狙ってたらヒット曲ってやっぱりできない』」16年7月8日）

ここで私が憶測するのは、《ヨシ子さん》の「ドッツ ドドッチ ドッツ ドドッチ」というリズムが、ヒップホップのトレンドリズムの1つだったことを、もしかしたら桑田佳祐はしっかりと意識していたのではないか、ということだ。

桑田佳祐のラジオ番組、TOKYO FM『やさしい夜遊び』において、桑田は年末に自らが推す「邦楽シングルベスト20」を発表しているのだが、そのランキングを見ると桑田が、最新の音楽について、かなりきめ細かに目配りしていることが分かる。

とすると、この《ヨシ子さん》も確信犯かもという気がするのだが、しかし、確信犯だと白状してしまうと、元も子もない。「いよいよ音楽（洋楽）の最新トレンドが分からない」という自虐の前提が崩れ落ちてしまう。だから桑田佳祐の回答はこのようになる。

桑田：うん、してない（笑）。
萩原：そう思った。でも、あれ、ドレイクとか向こうのヒップホップの連中が最近よく使っているリズムなんだよね。（同前）

ここで思うのは、この自虐によって同世代には「桑田佳祐も最新音楽トレンドから疎くなったのか」という世代共感を喚起できるし、逆に若者には「桑田佳祐って大御所かと思っていたけど、サウンド的になかなかイケてる」という、好ましい再解釈を喚起できるのだ。

《ヨシ子さん》の破天荒な歌詞が、実は戦略的だったのではないかと思うのは、このような仮説によってである。

「『ブラックスター』でボウイさんが別れを告げた」

過去の音楽と最新の音楽が交差するのは、《ヨシ子さん》に限らず、この『がらくた』というアルバム全体について言えることだ。

アルバム冒頭の《過ぎ去りし日々（ゴーイング・ダウン）》には「ONE OK ROCK」が出てくるし、続く《若い広場》には、1965年のミュージカル映画「サウンド・オブ・ミュージック」が歌われる。

さらには、続く《大河の一滴》にも、「♪Dylan《神》が宣《のたも》ふ、時代は変わり　答えは風に吹かれている」という、ボブ・ディランのど真ん中な引用が顔を出す。

つまり、『がらくた』の大テーマの1つが「新旧音楽のにらみ合い」だったと思うのだが、《ヨシ子さん》の中には、そんな「新」と「旧」が融合する瞬間がある。それが「♪『ブラックスター』でボウイさんが別れを告げた」の部分。

「ボウイさん」とは、言うまでもなくデヴィッド・ボウイのこと。『ブラックスター』は遺作となったアルバムで、16年1月8日に発売されており、その2日後の1月10日にボウイ本人が亡くなっている。そして《ヨシ子さん》の発売は、同16年の6月29日。

デヴィッド・ボウイという存在自体は「旧」ということになるが、彼の突然の死は、明らかに当時の「新」の事象だ。

デヴィッド・ボウイが衝撃の最期を迎えたことは、《ヨシ子さん》制作時の桑田佳祐に大きな影響を与えたのだろう。その結果が「♪『ブラックスター』でボウイさんが別れを告げた」に結実していると見る。

自著『ポップス歌手の耐えられない軽さ』において、桑田佳祐はデヴィッド・ボウイへの憧れを綴っている。ボウイを「とにかく図抜けてスタイリッシュだった」とした上で、ボウイやイギー・ポップ、クイーンらについて、こう激賞するのだ。

性差を超越して、美に耽溺するとでも言いましょうか。混迷する時代の片隅に咲いた仇花《あだばな》の如く、華奢な美形たちが、〝男気〟を消して腰をくねらせ、ティーンエイジャーに向かって歌いあげる。そんなグラム・ロックの精神は日本のエンターテインメント界にも広く浸透していきます。

この、やたらと大仰な書きっぷりには、ボウイ的、グラム・ロック的なきらびやかさへの憧れと、そういう世界に参画できなかった（遠回しに書いているが要するに「華奢な美形」ではなかったということ）自身に対する諦めが混在していると見る。

「♪R&Bって何だよ、兄ちゃん？　ＨＩＰＨＯＰっての教《おせ》えてよ　もう一度」と歌えど、「ONE OK ROCK」を歌詞に出せど、最新の音楽を怖れる姿は、実は、同世代の共感を喚起するためのポーズであり、桑田佳祐は心根において「過去の音楽と最新の音楽は等価だ」と捉えていたと思う。

しかし、ボウイ的なきらびやかさに対する憧憬と諦観については、心根に強く持ち続けていたところに、突然知らされたボウイの死によって、ピークに達した喪失感こそが、《ヨシ子さん》という曲の根本にあるのではないだろうか。そう考えると、この曲のプロモーションとして、テレビで披露していた派手な格好と踊りは、ボウイに向けられたオマージュかもしれない。

「♪『ブラックスター』でボウイさんが別れを告げた」の直前で桑田佳祐は「♪イイ歳こいて捨てられたんだよ　ヨシ子さん　ノー・リターン」と歌う。

――ヨシ子さん＝デヴィッド・ボウイ説。

24. 桑田佳祐《君への手紙》

作詞：桑田佳祐、作曲：桑田佳祐、編曲：桑田佳祐
シングル、2016年11月23日

「ひとり夢追って　調子こいて　こんな男のために」

2016年にシングルとしてリリースされた曲で、翌17年発売の桑田佳祐ソロアルバム『がらくた』にも収録された。シングル曲としては地味な印象で、『がらくた』収録曲の中では、最も派手な《ヨシ子さん》の対極の位置にある。ただ、どちらかを選べと言われれば、私はこちらを選びたい。というか、個人的には『がらくた』のベストトラックである。

内村光良《てるよし》監督・主演の映画『金メダル男』（16年）のテーマ曲として作られた。その

あたりの経緯は、音楽ライターの兵庫慎司が『SPICE』というサイトに寄稿した「桑田佳祐が映画に曲を書くと、こんなにすばらしいことになる――『金メダル男』と『君への手紙』」という記事に詳しい（内村がラジオで話した内容を元にしているとのこと）。

3作目の監督作品にして初めてコメディに挑んだという意味で、この映画は内村光良本人にとって、とても重要な作品だった。だから、主題歌は昔から大好きで聴いてきた桑田佳祐にお願いしたいと思い、ダメもとだと悟りつつも桑田に宛てて長い手紙を書き、まだ音楽のついていないこの映画のDVDとともに、本人に送った。そしたらそのわずか1週間後、マネージャーを介して1枚のCD－Rが届いた。この曲が入っていた。うれしくて、もう男泣きに泣いた――。

桑田佳祐はDVDを律儀にちゃんと見たのだろう。歌詞の内容は、「小学生の時に運動会で一等賞の金メダルをもらい、その幸福感にとりつかれた泉一は、その後もありとあらゆるジャンルで一等賞になることに心血を注ぐようになる」（サイト『NETFLI

X オリジナル完全ガイド』）という、映画『金メダル男』の内容に沿ったものとなっている。

映画『金メダル男』の主題歌として書き下ろされ、監督である内村光良からの手紙でのオファーに〝返事の手紙〟を書くように作られたというこの曲は、挫折してもチャレンジし続ける人を〝ガンバレ〟と後押ししてくれる。

シングル《君への手紙》の公式サイトにはこう書かれていて、「チャレンジし続ける人を〝ガンバレ〟と後押し」する曲として、一般にも認識されているのだろう。

しかし私は、この歌の内容を、もう少し複雑に考えてしまうのだ。というのは「♪ひとり夢追って　調子こいて　こんな男のために」というサビの歌詞における「こんな男」が、それまでの歌詞の「キミ」と同一人物とは思えないのである。むしろ「こんな男」は自虐的な一人称の表現、つまりは「ボク」なんじゃないかと思えてくるのだ。

さらに私は、こう考える――「こんな男」「ボク」は、桑田佳祐自身ではないかと。

なぜなら「ひとり夢追って　調子こいて」いるのだ。この「調子こいて」、何とも桑田佳祐らしいではないか。そして、「♪よく　まぁバカが集まったな」——これ、要するに、サザンオールスターズのことではないのか？

「夜中のラジオで聴いた　ハートを切なくさせた歌よ」

この曲のサビに出てくる「こんな男」は、歌詞の中の一人称「ボク」と同一人物であり、その実は桑田佳祐自身であるという仮説を立ててみるとして、その仮説をさらに補強するのが、2番のサビである。

——♪夜中のラジオで聴いた　ハートを切なくさせた歌よ

想起するのは、もちろん桑田佳祐の少年時代であり、それを歌った《月光の聖者達（ミスター・ムーンライト）》である。

——♪ひとりぼっちの狭いベッドで　夜毎　涙に濡れたのは　古いラジオからの切ない〝Yeah《イエ》 Yeah《イエ》 の歌〟

10代のときに《お願いD.J.》や《DJ・コービーの伝説》を聴き、40代で《月光の聖者達》を聴いた立場として、桑田佳祐が歌う「♪夜中のラジオで聴いた　ハートを切なくさせた歌よ」の主体を、桑田佳祐以外で想像するのは、正直無理がある。

ということは、少なくともこの曲のサビは、桑田佳祐の物語なのだ。ここではもう、そういうことにしてしまおう。「ハートを切なくさせた歌」を「夜中のラジオで聴いた」「ひとり夢追って　調子こい」た男＝桑田のために、サザンオールスターズという「バカが集まった」物語——。

となると、残りのサビの歌詞も気になってくる——「♪時計の針を止めて　サヨナラと出逢いの繰り返し」。ここで時制は過去に設定され、必然的に聴き手は、桑田佳祐を中心としたサザンの結成物語に思いを馳せる。

私は、この曲のサビを聴くと、アマチュア時代のサザンの姿が浮かんでくる。桑田佳祐という天才との「出逢い」を受け止めた5人の若者たち。天才を中心としながらも、ギスギスせず和気あいあい。青山学院大学やライブハウスでたむろしながら、リトル・フィートやエリック・クラプトンから強く影響を受けた音に、奇妙な日本語を乗せたオリジナルを披露する冴えた連中。

正直、外見はあまり垢抜けないし、演奏もまだ不安定なのだが、何か、とてつもなく新しい企みを仕掛けようとしている。その新しい企みは、周囲にも、いや彼らの中でも、輪郭がハッキリしていない。でも、充満した八方破れの若きエネルギーがガソリンとなり、6人は前へ前へと進んでいく。

その中にはもちろん、01年に脱退＝「サヨナラ」したギタリスト・大森隆志もいる。「名ギタリスト」という感じでは正直なかったものの、桑田佳祐の生み出す独創的な音世界に、見事にパッケージされたソロをいくつか残している。個人的には《赤い炎の女》《旅姿六人衆》《鎌倉物語》がベスト3。

「♪こんな男のために　よく　まぁバカが集まったな」

本当にそう思う。桑田佳祐という強烈な天才を嫌がらず、憎まず、よくまぁ、残り5人が集まってくれたものだと思う。そして、その中に、大森隆志というギタリストがいたことも忘れはしない。

この曲を聴いて思い出す若きサザンは5人ではなく6人編成だ。名盤『ディキシー・チキン』（73年）の頃のリトル・フィートと、人数だけでなく楽器編成まで一緒の6人編成だ。

「立ち止まることもいい　振り向けば道がある」

《君への手紙》のシングルの「初回限定盤」は凝っている。パッケージが紙製の封筒になっていて、その中にCDとともに、桑田佳祐直筆の便箋（を印刷したもの）が封入されているのだ。計4枚。

読んでみると、ここまで書いてきた「キミ」「ボク」「こんな男」が誰かという問題について、重要な（?）ヒントが埋め込まれていた（原文ママ）。

この曲は「人生うまくいかないことや、悲しいこともたくさんあるけれど、それでも諦めずに頑張っていこう!!……例え、他人から嗤《わら》われようとも、多少の躓きがあろうとも、ひたむきに夢を追い続けようよ!!」そんな気持ちを〝歌〟という形で、あなた様に向けて（ひょっとしたら、私自身にも向けて?）書いたメッセージでございます。

ヒントは、「ひょっとしたら、私自身にも向けて?」というくだりである。「?」を除いて鵜呑みにすると、「ボク」「こんな男」だけでなく、「キミ」も桑田佳祐ということになるではないか。つまり「君への手紙」は「桑田佳祐への手紙」であり、要するに、桑田佳祐が桑田佳祐自身に宛てたメッセージということになる。そう考えると、映画『金メダル男』のことは一旦おくとして、全体の輪郭が一気にはっきりとする。そして、サザン／桑田佳祐ファンにとっては、かけがえのない1曲となるではないか。

意味と価値が増すのは、このフレーズだ——「♪立ち止まることもいい　振り向けば道がある」。

大病も患った。炎上も経験した。ちょっとは立ち止まってもいいだろう。振り向けば、日本語ロックを完成させ、「ニューミュージック」を経て、「Jポップ」を築いた、太くて長い道がある——。

と、いい話になったところで、再度直筆手紙を読み直すと、話は突然、最近ボウリングに凝っているという話になり、後段では、謎の「公約」とやらが出てくる。

1. 毎日、仏壇・神棚に手を合わせる
2. 毎朝、朝勃ちする

3．健康維持と体力アップを心掛けて、全国の皆さんに必ず会いに行く!!

「毎朝、朝勃ち」……。手紙の末尾には「平成28年11月」の日付。桑田佳祐60歳、還暦の秋である。

25. 坂本冬美《ブッダのように私は死んだ》

作詞：桑田佳祐、作曲：桑田佳祐、編曲：桑田佳祐、片山敦夫
シングル、2020年11月11日

「骨までしゃぶって私をイカせた　ねぇ、あなた」

ここで初めて桑田佳祐以外の音楽家が歌う曲を取り上げる。それも最近作だ。2020年の11月に発売された坂本冬美《ブッダのように私は死んだ》。

タイトルからしてものものしいこの曲を、いくつかのメディアで私は「20年の最優秀作詞賞」だと持ち上げた。これは心の底からそう思っている。平成のJポップ時代を経て、すっかり弱体化してしまった音楽家の作詞力に対して、「作詞家・桑田佳祐」が放った鮮烈なアンチテーゼという気さえする。

想起したのは、北原ミレイのヒット曲《ざんげの値打ちもない》（70年）である。作詞は阿久悠。後の阿久悠があまり見せなくなる狂気的世界が、見事に描かれている。「♪すねて十九を越えた頃　細いナイフを光らせて　にくい男を待っていた」——この歌詞が3番で、4番では「♪鉄の格子の空を見て　月の姿がさみしくて」と来るのだから、主人公の女は男を殺《あや》めて、囚われてしまうのだ。少なくとも歌謡界においては、これを超える狂気的世界を、後の作詞家は生み出していないのではないか。

《ブッダのように私は死んだ》も、タイトルに「死」の文字が備わっていることから分かるように、「死」を取り扱う狂気的世界が描かれている。

ただし、白状すれば、私はこの詞を「主人公の女性が男にフラれて自殺する歌」として聴いていたのだ。その認識のままで、「２０２０年の最優秀作詞賞」だと各メディアで持ち上げた。

『MUSIC MAGAZINE』の20年12月号に載っていた、小山守による坂本冬美の記事を読んで驚いた。この曲について「恋人に殺されてしまう女性のサスペンス的ストーリーで、主人公の怨念が丹念に描かれていき、お釈迦様のように悟りを開こうとする、というすごい世界」と書かれていたからだ。

自殺ではなく他殺だったのか。つまりは北原ミレイ《ざんげの値打ちもない》の真逆の世界なのか！

全体的に2番の方に狂気が溜まっているのだが、それは後の楽しみとして、ここでは1番の中で映えている「♪骨までしゃぶって私をイカせた　ねぇ、あなた」というフレーズを味わってみる。

卑猥《ひわい》で尾籠《びろう》で下衆《げす》な世界。「卑猥で尾籠で下衆な作詞家・桑田佳祐様、お帰りなさい」と言いたくなる。

特に、単に「しゃぶって」ではなく「骨までしゃぶって」が利いている。《思い過ごしも恋のうち》のエンディングで炸裂する「♪次の日もおもいきり　しゃぶりつくようにPatiently」の再来。1966年のヒット曲、城卓矢《骨まで愛して》(作詞：川内和子）からの引用だろうが、「愛して」ではなく「しゃぶって」だから、印象はさらに、格段に強烈だ。

桑田佳祐に負けずに、少々「卑猥で尾籠で下衆な」物言いをすれば、私は、この骨がどこの骨なのかを想像するのだが――。

しかし、この曲の本領は、先に述べたように2番にある。

「ただ箸の持ち方だけは無理でした」

この曲の2番は、何というか、「人間のリアリティ」のようなものが炸裂する。この2番から私が想起したのは、田山花袋『蒲団』のような、人間の内面を赤裸々に描く自然主義文学だ。桑田佳祐の歌詞には、大なり小なり、そのような「自然主義文学性」が含有されているが、この2番は、その極致だ。

まず、主人公の女性（つまり相手の男性と恋愛に落ち、挙げ句の果てに殺められる女性）は「♪若い頃はそれなりにモテたわ」とつぶやく。この言葉には、「本来自分はこんな悲劇的な結末に至るような落ちぶれる存在ではなかった」というプライドが滲《にじ》み出ている。

驚くのは、次の「♪何食わぬ顔でテレビに出ている　ねぇ、あなた」である。何と相手の男は「テレビに出ている」有名人なのだ。芸能人か、アナウンサーか、もしや音楽家か。とにかく、それなりに名が売れた存在なのだ。

そんな男について「♪世間は本当の事など　なんにも知りゃあしない」。ということは、その有名人は、恋愛の果てに女性を殺めることなど、まるで想像できない、万人受けするイメージの存在なのだろう。おそらく結婚もしていて、結果、主人公の女性との恋愛は不倫なのではないか。

男性に対する告発は、まだまだ続く。「♪他人を見下した目や　身なりの悪さは赦《ゆる》す」。「他人を見下した目」と来るから、男性（のテレビでは見せない実像）は、いつも上から目線のいけ好かない奴なのだが、男性の「身なりの悪さ」を蔑みながら、「赦す＝大目に見てやる」と余裕をかますことで、主人公の女性が、男性を上から見下す構造への逆転現象が起こる。

分かりやすく言えば、この男性は、成り上がりであり、叩き上げであり、品がない。そんな本質的な欠点を持ち出すことで、女性は男性に対して、一気呵成な反撃に転じる。そして、ついに、反撃の流れに乗って、男性の品性下劣さを強くえぐる、キレッキレに鋭利なパンチラインを繰り出す。

それが――「♪ただ箸の持ち方だけは無理でした」。

多くの（年かさの）日本人にとって「箸の持ち方が悪い」という指摘は決定的である。品のなさ、育ちの悪さを一瞬にして暴く、身も蓋もない指摘である。「♪ただ箸の持ち方だけは無理でした」という攻撃を繰り出されて、リングの上で再度立ち上がれる者は、そうはいない。

しかし女性は、そんな男性を愛してしまったのだ、他人を見下し、身なりは悪く、箸の持ち方さえ怪しい品性下劣な男性を。つまり、リングの上で再度立ち上がれるはずのない相手に、女性は負けてしまうのだ。これこそが「人間のリアリティ」ではないだろうか。

「人間のリアリティ」を言い換えると、屈辱感であり、諦観である。この屈辱感／諦観に対するシンパシーを集めて、《ブッダのように私は死んだ》は、「桑田佳祐流自然主義文学」の頂点へと向かっていく。


「みたらし団子が食べたい」


と長々と書いてきたが、まだまだ《ブッダのように私は死んだ》は死なない。最後の最後に出てくる、このパンチラインこそが、最優秀作詞賞にふさわしい名曲足らしめる。

「♪この世から出て行くわ　魂が悟ったよ　ごめんね　お母さん」と来て――「♪みたらし団子が食べたい」

超絶だと思う。劇的だと思う。

先に、この曲の表現テーマとして「人間のリアリティ」のキーワードを挙げたが、「みたらし団子が食べたい」という言葉によって、「リアリティ」は「リアル」へと転換する。

今際《いまわ》の際《きわ》である。男とのいさかいで土の中に埋められ、殺められようとしている。男への恨み節を、土の中で唱え続けている。そして意識も遠くなっていく最後の最後で「みたらし団子が食べたい」と思う——これが「桑田佳祐流自然主義文学」の極致としてのリアルだ。

かつて話題となった、（当時の）Jポップにありがちな歌詞を揶揄した2ちゃんねるのスレッド「J-POPの歌詞における『何か』の探され率は異常」（10年）に書き込まれたフレーズ群。


翼広げすぎ・瞳閉じすぎ・君の名を呼びすぎ・会いたくて会えなさすぎ・桜舞いすぎ・パスタ作りすぎ・季節めぐりすぎ・君のこと考えすぎ・もう一人じゃなさすぎ・あの頃に戻りたすぎ・一歩ずつ歩いて行きすぎ・奇跡起こりすぎ・同じ空の下にいすぎ・夢を夢で終わらせなさすぎ・眠れぬ夜多すぎ・寂しい夜迎えすぎ・不器用な俺

だけどお前のこと守りすぎ・何かがわかるような気がしすぎ・移りゆく街並みを眺めすぎ・つないだ手離さなすぎ・光が挿す《ママ》方へ行きすぎ・君がいれば他に何もいらなすぎ……。

これらの、表面だけをサーっとすくったようなフレーズ群の対極に、「みたらし団子が食べたい」は屹立する。

「翼広げて、瞳を閉じて、君の名を呼んで……」

「何言ってんだ、俺はみたらし団子が食べたいんだ！」

自著『ポップス歌手の耐えられない軽さ』で、桑田佳祐が珍しく息巻いていた。

（筆者註：《ブッダのように私は死んだ》について）曲の歌詞やらミュージック・ビデオの内容について、「なんて衝撃的なの!!」とか「坂本冬美の歌は最高だけど、歌詞が不謹慎だ!!」との御意見を、ちょいと伺いまして……。

そこから、歌舞伎や歌謡曲や映画の「不謹慎」な表現の例を並べながら、それらの必要性と価値について論じ（ちなみに歌謡曲のところでは、北原ミレイ《ざんげの値打ちもない》の例が出されていて我が意を得たり、だった）。最後にこう締めている。

だけど、この《流言飛語ウイルス》ばかりは、いくら「感染」しても、心の中に「抗体」は出来ないだろう。もちろん治療薬もワクチンも無い。それが音楽人としてのアタシの運命《さだめ》、生きる道なのだとしたら……、めんどくせえけど、仕方ないやね。

また、桑田佳祐一流の気遣いがまぶされた言い回しだが、本書的には、この文字列をたった一行に凝縮できる――「何を今さら『不謹慎だ』なんて言ってんだ。こちとら桑田佳祐だぞ」。

そして小さな文字で、こう付け加える。

――みたらし団子が食べたい。

26. サザンオールスターズ《ピースとハイライト》

作詞：桑田佳祐、作曲：桑田佳祐、編曲：サザンオールスターズ、管編曲：原由子、山本拓夫
シングル、2013年8月7日

「何気なく観たニュースで　お隣の人が怒ってた」

ここまでの時系列ルールを無視して、本書で取り上げる最後の歌詞となる。2013年にシングルとして発表され、翌14年のNHK『紅白歌合戦』で歌われ、炎上騒ぎとなったあの曲だ。

炎上騒ぎから遠く離れて、記憶も曖昧になっているこのタイミングで、もう一度歌詞を味わって、意味と価値を考えるべき曲だと、私は考えている。

そもそもタイトルからしてものものしい。新宿ロフトなどのライブハウスを運営する

ロフトプロジェクト代表の平野悠は『週刊金曜日』（15年1月23日号）に寄稿した「『ピースとハイライト』は時代を変えるのか」において、「この曲名には『平和（ピース）と極右（ハイライト）』という別の意味がある」と書いている。

そんなものものしい曲は、「♪何気なく観たニュースで　お隣の人が怒ってた」という歌詞から始まる。「お隣の人」という柔らかい表現でくるまれた国は、もちろん韓国だろう。

発売の1年前、12年の日韓関係における重要な事件といえば、終戦記念日（韓国においては「光復節」）直前の8月10日に起きた、李明博《イミョンバク》大統領（当時）による竹島上陸である。

また、このような日韓関係の緊張を背景として、いわゆるヘイトスピーチが撒き散らされることとなり、東京・新大久保や大阪・鶴橋などで「朝鮮人を殺せ！」などの強烈なメッセージが連呼されていた。

《ピースとハイライト》を解釈するにあたっては、記憶に新しい、新しいけれど、少しばかり錆び付き始めている、このような当時の記憶を、前提としなければならない。

このような、緊張感溢れる日韓関係に対して、「♪何気なく観たニュースで　お隣の人が怒ってた」というフレーズは、いかにものんびりしている。まずはニュースを「何気なく」見ているし、「お隣の人」というのも、どこか他人事である。

ただ、その分、この歌詞における一人称は、普通の一般生活者であり、要するに私たち自身に通じるものとなる。だからこそ、この曲は、一部のいきり立った人々だけではなく、多くの人に開かれ、多くの人に自分ごとと感じさせる普遍性を持っている。

普通の人が普通の視点で日韓関係や現代史を見つめたら、どうなるか？　どんなに普遍的で楽観的な展望が描けるのか？――「お隣」という柔らかい表現で始まっている曲だが、にもかかわらず、ではなく、だからこそ、本質的にラディカルな曲なのである。

「教科書は現代史を　やる前に時間切れ　そこが一番知りたいのに」

では、なぜ「お隣の人が怒っ」たのか、という問題になる。この時期の日韓関係がなぜ緊張したのか。当然この問題は、当時の話を超えて、従軍慰安婦問題や日韓基本条約（1965年）、ひいては太平洋戦争の話へとつながっていく。

この曲の主人公は、先に書いたように、普通程度の問題意識を持った普通人である。「教科書」が出てくるということは学生なのだろう。普通の学生。ただ、ちょっとだけ意識は高いようで、「現代史」を「一番知りたい」と思っている。

確かに、時系列に沿ったかたちで、半分おとぎ話のような古代史から始まることで、歴史という科目は、いきなり人を選んでいると思う。「おとぎ話」にロマンを感じるか否かによる選別。無論、古代史の授業が必要ないとは言わないが、現代の若者にとって、時代と隣接した現代史の方に関心を持つことは、自然なことだろう。

私は両親とも社会の教師だったので、子供の頃たまに、歴史教育に関する会話を交わしたことがある。その中で「時系列とは逆順で、現代からさかのぼって歴史を教えるべきだ」という考えがあることを知った。

最近では、河合敦という歴史研究家が『日本史は逆から学べ』（光文社知恵の森文庫）という書籍シリーズを発表しており、サイト『本がすき。』内の記事、「なぜ歴史は〝逆〟から読むととたんに面白くなるのか？」（18年11月21日）で、インタビューにこう答えている。

逆順に学ぶことで、とたんに歴史を面白く感じる方が多いようです。「どうしてそうなったのか？」と問い続けますから一種の推理小説のように読み進められますし、現代と過去が地続きであるという実感も得やすい。歴史への興味がより深まるという声もいただきました。

太平洋戦争があって、慰安婦問題があって、日韓基本条約があって……その結果として、日韓関係が緊張したという論法ではなく、「なぜ今、日韓関係が緊張しているのか?」という、時代に沿った極めてシンプルな問いからさかのぼって、学びをスタートさせていく。両親とは違って、私自身は歴史教育に明るくないが、それでも、このメソッドの有効性は、感覚的によく分かる。

「日本がアメリカと戦争をしたことを知らない若者が増えている」などの記事をよく目にするが、そんな現状に至った大きな要因の1つは、古代史から、ゆっくりのっそりと進んでいく歴史教育のメカニズムにあるのではないか。そのメカニズムは、一部の歴史マニアを生むのと引き換えに、太平洋戦争を知らない若者を量産している。

歴史教育の話は手に余るので、一旦ここでおくとして、私が語れる/語りたい「日本ロックの歴史教育」の話をする。年寄りじみたことを言うが、私は、日本の若いロック音楽家は、過去のロック音楽をもっと知るべきだと考える。

知ることによって、原理原則が分かる。原理原則が分かることによって初めて、原理原則をどうアレンジするか、どう超えていくか、どう蹴り飛ばすかという発想が生まれる。

例えば、「とにかく吉田拓郎を聴け」ではなく、Mr. Childrenから入って、桜井和寿のボーカルスタイルとの近似性で、浜田省吾を紹介し、その浜田省吾の生み出すキッカケと土壌を作った人物としての吉田拓郎、という順番で説明していくと、若い音楽家にもピンと来ると思うのだ。

ちなみに私は、今の日本の若いロック音楽家が、最も知らなさ過ぎで、つまり最も知るべきが、他ならぬサザンであり桑田佳祐の功績だと考える。一見、大衆に浸透し過ぎていることが、逆に、その本質を見えにくくさせている。サザン／桑田佳祐は、その功績が「最も知られていそうで最も知られていない」音楽家ではないだろうか（逆に、はっぴいえんどは、その功績が「最も知られていなさそうで最も知られている」音楽家かも）。

「♪何気なく観たニュースで　お隣の人が怒ってた」「♪教科書は現代史を　やる前に時間切れ　そこが一番知りたいのに」――国際問題や歴史教育という、ロック音楽ではほぼ扱われないテーマについて、これほどシンプルに、これほどあっけらかんと歌った音楽家が、かつていただろうか。これは、サザン／桑田佳祐の、「知られていそうで最も知られていない」功績の1つだと思う。

「絵空事かな？　お伽噺かな？」

「お隣の人」「教科書は現代史を　やる前に時間切れ」という、切っ先鋭いフレーズによる緊張感が少しだけ緩むのは、サビに入ってからである。

「♪希望の苗を植えていこうよ　地上に愛を育てようよ」。ここは、少しばかり深みに欠けるというか、通俗的というか、とにかく、《ピースとハイライト》を《ピースとハイライト》たらしめている緊張感が解ける瞬間である。ただし、その緩みは、続くフレーズによって、見事に相対化される。

——♪絵空事かな？　お伽噺かな？

「♪希望の苗を植えていこうよ　地上に愛を育てようよ」と歌った後に、「さすがにこれ、言葉がちょっと上滑りしてますかね？」と、但し書きが加えられる。「その上滑り感、歌っている俺たちも分かっているんですよ」と。

「絵空事かな？　お伽噺かな？」による相対化は、単に「♪希望の苗を植えていこうよ地上に愛を育てようよ」だけでなく、曲全体を相対化する。極めて楽観的なメッセージソングである《ピースとハイライト》に対して、「これが楽観的過ぎること、歌っているこちらも、重々分かっているんですよ」と。

想起するのは、もちろんジョン・レノンの《イマジン》（71年）だ。「♪ You may say I'm a dreamer」。今風に訳すと「お花畑だと思っているでしょう？」。「お花畑」は、楽観主義的な考え方を茶化すネットスラング。「日韓関係に希望の苗を植えていこうよ」という発言に対して「お前、脳内お花畑だな」と返す感じ。

でも、ここであらためて言いたいのは、もし「世界ロック音楽憲法」というものがあるなら、その何条目かに「臆せず、お花畑を語ること」という条文があるのではないか、ということだ。

もちろん、その憲法において、「お花畑を語ること」よりも「何よりもまず、現実的であること」という条文が優先されるべきなのは承知している。ただ、その条文が尊重されすぎた結果、もしくは羞恥心や忖度が行き届き過ぎた結果として、音楽家が誰も、夢や理想を語らなくなってきている今、「お花畑を語ること」も、ロック音楽に課せられる重要なタスクになっていると考えるのだ。

石井裕也という映画監督がいる。私は映画ではなく、TBSのテレビドラマ『おかしの家』（15年）という彼の作品を気に入ったのだが、「映画で伝えたいこと」をインタビューで聞かれて、彼はこう答えている。

　優しさ、愛、夢、希望とか、つまり言葉にすると目を背けたくなるくらいうそくさいことです。（『エコノミスト』16年4月26日号）

「うそくさいこと」――つまりは、この不透明で不安定で、みんなが現実性の中に絡め取られようとしている時代に対しての「お花畑」。

ジョン・レノン好きの桑田佳祐のこと、《ピースとハイライト》を作るにあたって、《イマジン》をかなり意識したはずだ。その結果として、「♪You may say I'm a dreamer」に対して、「♪絵空事かな？　お伽噺かな？」を置いた。

《イマジン》は評価が分かれる曲である。メッセージは理解したとしても、アレンジが甘すぎるとも思う（フィル・スペクターのオーバー・プロデュース）。少なくともジョン・レノンの最高傑作とは言い難い。

それでも「お花畑を語ること」という条文を、71年という早い段階で、しっかり具現化したことについては、いくら評価しても評価し過ぎることはないだろう。《イマジン》のスピリットは、忌野清志郎を経て、桑田佳祐に受け継がれた。


「都合のいい大義名分《かいしゃく》で　争いを仕掛けて」


2番のパンチラインは、この「♪都合のいい大義名分《かいしゃく》で　争いを仕掛けて」となる。この部分をどう解釈するか。

14年のＮＨＫ『紅白歌合戦』で歌われたとき、この部分が、同年の憲法「解釈」変更～集団的自衛権行使容認の閣議決定を揶揄しているものとして語られた。

政府は1日夕の臨時閣議で、集団的自衛権を使えるようにするため、憲法解釈の変更を決定した。行使を禁じてきた立場を転換し、関連法案成立後は日本が攻撃されていなくても国民に明白な危険があるときなどは、自衛隊が他国と一緒に反撃できるようになる。「専守防衛」の基本理念のもとで自衛隊の海外活動を制限してきた戦後の安全保障政策は転換点を迎えた。(『日本経済新聞』14年7月2日付朝刊)

しかし《ピースとハイライト》の発売は13年の8月なので、この推測は的外れである。むしろ、11年に世界を驚かせた、ある「大義名分」の瓦解を歌っていると「解釈」すべきではないか。

イラク駐留米軍が2011年12月完全撤退し、03年3月に始まったイラク戦争は約8年9カ月で終結した。イラク戦争は、フセイン政権が大量破壊兵器を保有し国際テロ組織アルカイダを支援していると主張するブッシュ前政権がイギリスとともに開戦に踏み切った。アメリカとイギリスを中心とする派遣軍がイラクに侵攻してフセイン政権を打倒したが、大量破壊兵器は見つからず、フセイン政権とアルカイダは無関係だったことが判明した。(『imidas』12年3月)

「イラクが大量破壊兵器を隠し持っている」と「解釈」し、「だからイラクに侵攻しなければならない」という「大義名分」を振りかざしたことを歌っているという「解釈」が、時期的にも成立すると思うし、かつ、02年に「♪いつもドンパチやる前に　聖書に手を置く大統領《ひと》がいる」（《どん底のブルース》）と歌った桑田佳祐の作品としては、自然ではないかと思うのだ。

もちろん、そのような固有の事象ではなく、例えば、ベトナム戦争のきっかけとなったトンキン湾事件（64年）や、満州事変の発端となった柳条湖事件（31年）のように、（後に歌われる）「20世紀」に起きた様々な「争いを仕掛け」る「大義名分」となった、いくつかの捏造事件のことを指しているのかもしれない。

何度も書いているように、14年のＮＨＫ『紅白歌合戦』でこの曲が歌われ、この曲のメッセージや演出が「反日」だと騒がれ、炎上事件が起きた。しかし、それこそがまさに「都合のいい大義名分《かいしゃく》で　争いを仕掛けて」ではなかったか。この歌詞は、もう少し、広くて深いところを見据えていると思う。

前述の『週刊金曜日』におけるロフトプロジェクト代表・平野悠によるコラムより。

この原稿を書き終わった瞬間に残念な事態になった。年越しライブや紅白歌合戦での演出について事務所アミューズと桑田佳祐が1月15日、謝罪する事態に追い込まれたのだ。「表現方法に充分な配慮が足りず、ジョークを織り込み、紫綬褒章の取り扱いにも不備があった」と平謝りだ。これは異例だ。「謝るなら最初からやるな」というのが私の最初の感想だ。しかしサザンの40年間の偉大な歴史はそんな事で揺らいで欲しくないと痛切に思ったりもする。

基本、同意する。同意するものの、それでも、このコラムからの7年間、「サザンの40年間の偉大な歴史」は揺らがなかったと思うし、今後も決して揺らぐことがないよう、今一度ここで、《ピースとハイライト》について書いているつもりである。

「20世紀で懲りたはずでしょう?」

《ピースとハイライト》の、それこそ「ハイライト」となるのが、「♪絵空事かな? お伽噺かな?」と同じ高い音程のメロディで歌われる「♪20世紀で懲りたはずでしょう?」というメッセージである。

何と気高い言葉なのだろう。

《ピースとハイライト》で歌われている様々な社会問題について、声高にアンチテーゼを突き付けるのではなく、抽象的な情緒にくるむのでもなく、一段高い、歴史を俯瞰する目線から、相手方に融和を求めるようなメッセージに聴こえる。

「馬鹿野郎、ヘイトスピーチにも、戦争にも、俺は反対だ！」

でもなく、

「この時代に、もっと愛と優しさが大事だよね……」

でもなく、

「こういうの、さんざん懲りたじゃん。20世紀で終わりにしようぜ」。

「懲りた」の主語は、自分も相手方も含めた「私たち」である。だから、自分と相手方は対立するのではなく、20世紀という共通の体験が接着剤となって、融和の方向に導いていく。

NHKで時折放映される『映像の世紀』というシリーズがある。ここでいう「世紀」は20世紀。残された貴重映像から、20世紀の100年間を振り返るというドキュメンタリーなのだが、それを見ていると、「映像の世紀」は「戦争の世紀」だったことを痛感する。

第一次世界大戦、第二次世界大戦と、とりわけ20世紀の前半は、世界規模でのべつまくなし戦争し続けていたのだ。よく考えたら、とんでもない「戦争の世紀」である。

「♪20世紀で懲りたはずでしょう?」

懲りたに決まっている。懲りていない方がおかしい。懲りていなければ、その人は歴史を知らないか、単なる思考停止かどちらかだ。

この「♪20世紀で懲りたはずでしょう?」は、大げさに言えば、新しい運動論にも聴こえてくる。社会問題をイデオロギーの問題に転化（≒陳腐化）するのではなく（それは、往々にして「懲りていない」相手方を利する方向に帰結する）、歴史を俯瞰する目線から「俺たち、さんざん懲りたじゃん。20世紀で終わりにしようぜ」と融和、ひいては共闘を持ちかける新しい運動論。

ヘイトスピーチも戦争も、私たちは、もうさんざん懲りたのだ。だから、20世紀で終わりにすればいい――。

繰り返すが、「♪20世紀で懲りたはずでしょう?」――何と気高い言葉なのだろう。

「♪20世紀で懲りたはずでしょう?」――これが《ピースとハイライト》の、それこそ「ハイライト」である。

「色んな事情があるけどさ　知ろうよ　互いのイイところ‼」

《ピースとハイライト》のいわゆる「大サビ」で歌われるのが、「♪色んな事情があるけどさ　知ろうよ　互いのイイところ‼」というフレーズである。多分に「お花畑」であり、しかし、だからこそ、この曲、及び、この曲に込められた桑田佳祐のメッセージを象徴するフレーズとなる。

このあたり、桑田佳祐の本音なのだろうと思う――「国際問題、とりわけ日韓関係に関して、『色んな事情』に拘泥せず『互いのイイところ』を認め合おうよ。そんな楽観的なメッセージをストレートに歌うことこそ、ロック音楽なんだよ」。

サザンが韓国について歌った曲として、まず思い浮かぶのが、シングル《あなただけを～Summer Heartbreak～》のカップリング＝《LOVE KOREA》だ。

「♪チョゴリの袖　見事なライン　アボジは草野球のナイン」と、日韓関係の緊張とはまったく関係のない、他愛のない歌である。なお、フジテレビ『桑田佳祐の音楽寅さん～MUSIC TIGER～』の09年6月8日放送の第8回「寅さんの大阪案内」で、この曲と朝鮮民謡《アリラン》を、大阪・鶴橋の焼肉屋から楽しそうに歌っている。

加えて、あまり認識されていないと思うが、こちらも韓国に関係する歌として、アルバム『KAMAKURA』収録の《悲しみはメリーゴーランド》がある。創氏改名を匂わせる文字列が歌われる――「♪名前さえ　白い砂に埋《うず》めた日々　歴史が曲げた心には隣の人が泣いている」。

あっけらかんとした《LOVE KOREA》、シリアスな《悲しみはメリーゴーランド》、そしてそれらを総合した「♪色んな事情があるけどさ　知ろうよ　互いのイイところ!!」という楽観的に開き直ったメッセージ――これらすべてが桑田佳祐のメッセージだ。

その背景にあるのは「ロック音楽は、何を歌ってもいいんだ」という強烈な確信である。社会問題を歌うのにオドオドして、あっけらかんと歌うことにも、シリアスに歌うことにも臆する多くの音楽家に対して、あっけらかんと、かつシリアスに歌う桑田佳祐。また、社会問題に対してネガティブに噛み付く、数少ない音楽家に対して、「お花畑」と思われながらも、ポジティブで楽天的なメッセージを歌う桑田佳祐。

さらには、ラブソング、エロソング、コミックソング、ナンセンスソング、そしてメッセージソング……広大な面積の歌詞世界を自由気ままに飛び回る桑田佳祐。

「ロック音楽は、何を歌ってもいいんだ」。

桑田佳祐の言葉は、戦後民主主義を謳歌し、堪能している。後継が続いていないことを知りつつ、いや、だからこそ臆せず、日本音楽シーン随一の広大な歌詞世界を、さらに広げようとしている。

日本国憲法第21条はこう謳う——「集会、結社及び言論、出版その他一切の表現の自由は、これを保障する。」

日本国憲法が公布された1946年（昭和21年）からちょうど10年経ち、『経済白書』に「もはや戦後ではない」と記された56年に生まれた桑田佳祐は、表現の自由をこう解釈して、脳と心と肉体にインストールしたのだろう。

——ラブソング、エロソング、コミックソング、ナンセンスソング、そしてメッセージソングその他一切の表現の自由は、これを保障する。

桑田佳祐の言葉——戦後民主主義を謳歌した言葉。

終　章　桑田佳祐と戦後民主主義（1945～2022）

1947年（昭和22年）5月3日、日本国憲法が施行された。この憲法が、戦勝国であるアメリカとイギリスを中心としたGHQからの「押しつけ憲法」だと説明されることがままある。それに対しての異論も聞かれるが、少なくとも、憲法の内容にGHQが深く関わっていることは事実だ。

1956年（昭和31年）2月26日、桑田佳祐が生まれる。日本国憲法同様、アメリカとイギリス（の音楽から）の影響を全身に浴びながら、その独特の感覚と才能を育んでいく。

戦後、日本は世界史的にも稀な「高度経済成長」を達成し、「先進国」の仲間入りを果たす。その推進要因の1つとなったのが、最高法規である日本国憲法をベースとした、いわゆる「戦後民主主義」である。

日本国憲法の三大原理は、基本的人権の尊重・国民主権・平和主義。

さらに自由、自由、自由――思想・良心の自由、信教の自由、学問の自由、集会の自由、結社の自由、職業選択の自由、居住移転の自由、海外渡航の自由――そして、表現の自由！

「極東の島国の俺たちも、アメリカやイギリスの若者のように、思いのままに自由に書いて、自由に歌っていいんだ！」――という、戦後日本が手に入れた「ロックンロールの自由」を、最も実践し、最も満喫したのが、茅ヶ崎に生まれた1人の少年、桑田佳祐だった。

「サザンオールスターズ」という、いかにもアメリカ文化に全身をヤラれたような名前のバンドで世評を得て、少年は青年となり、いよいよ本気で、「ロックンロールの自由」を言葉に託し始める。

自由に書いて、自由に歌う。ラブソングからコミックソング、メッセージソング、エロソングまで。さらにはロックンロールを教えてくれたアメリカという国をも歌う。他の音楽家が、惚れた腫れたの、小さい小さい歌詞世界に囚われるのを尻目に、自由に書いて、自由に歌う。

ただ、桑田佳祐特有の強烈なバランス装置が有効に機能しているからか、機能し過ぎたからか、サザン／桑田が大きくなり過ぎた。日本人にとって半ば空気のように当たり前の存在＝「メガ・サザン」になってしまった。

その結果、桑田佳祐の言葉が、顧みられなくなった。一部のファン以外にとっては、誤解を怖れずに言えば、サウンドの付随物になってしまった。一般化され過ぎて、空気のようになって、存在が顧みられなくなった――何だか、日本国憲法みたいだ。日本国憲法によって、この国に確かに広がったはずの戦後民主主義みたいだ。

本書は、桑田佳祐の「戦後民主主義性」を読み解くための本である。つまり、桑田が、思いのままに自由に書いて、自由に歌った言葉を検証する本である。

それは同時に戦後民主主義そのものを検証する本となる。戦後民主主義の申し子であり、戦後民主主義を誰よりも謳歌した桑田佳祐の言葉を検証することは、戦後の日本が、何を書き、何を歌い、何を勝ち取ったのかの検証につながると思うからだ。

84年、村上龍は「『いとしのエリー』があれば『ジャパニーズ・グラフィティ』のラストシーンが撮れる」と書いた（『ただの歌詩じゃねえか、こんなもん』）。

そして、約40年経った今、私にも、映画『ジャパニーズ・グラフィティ』のラストシーンのイメージがある。

湘南の海岸通り、平日の夕暮れ、天気は曇っていて、湿った海風が吹いている。「高度経済成長」とか「バブル経済」とかの言葉も遠い昔となり、活気が失われた晩夏の浜辺に、80年代に青春を過ごした仲間たちが、1人また1人と集まってくる。

年の頃は、50代後半から、還暦を超えたあたり。彼ら／彼女らは、多くの言葉を交わさない。それでも、キラキラしたあの頃にはこれっぽっちも考えなかった、迫りくる老後の不安や、深刻化する親の介護、ギクシャクし始めた夫婦関係、自らの健康問題や年金問題……など、しょぼくれたあれこれが、みんなの心の中を占めている。

『ジャパニーズ・グラフィティ』はシニアのための映画である。56年生まれの桑田佳祐から、その10年下＝66年生まれの私、この10年間に生まれた人々に向けられた映画である。そのラストシーンには、この歌がふさわしい。

――♪現在《いま》がどんなにやるせなくても　明日《あす》は今日より素晴らしい

「桑田佳祐」と書いて「戦後民主主義」と読む。「戦後民主主義」という言葉を辞書で引けば、そこには、「明日は今日より素晴らしい」と書いてある。

おわりに

味わうべき、そして考えるべき桑田佳祐の歌詞を、何とか26曲にまで絞り込んだ。そして今、あらためて全体を読んでみて、どうしても入れたかったと悔やむ曲がある。

アルバム『MUSICMAN』収録の《それ行けベイビー!!》だ。

「♪適当に手を抜いて行こうな」という歌い出しから始まるこの曲は、桑田佳祐本人によれば「自分の息子達にも言いたいと思って書いた」（初回生産限定盤所収のブックレット『MUSICMAN'S NOTE』）曲なのだが、中盤にドキッとするフレーズがある。

――♪命をありがとネ

当時ドキッとしたのは、このアルバム発表（2011年2月）の前年に、桑田佳祐が食道がんで入院したからだ。

実は、入院前に歌入れは終わっていたというから、この歌詞と自身の入院／手術に直接の関係はない。逆に言えば、この「♪命をありがとネ」というフレーズは、その後の自身の入院／手術を予知した形になった。

そして、アルバム発表の翌月に起きた東日本大震災によって、このフレーズは、また別の重い意味を持つメッセージとなる。


私も55歳となって、「♪命をありがとネ」という言葉がしみる年代にたどり着いた。

東日本大震災を契機に、思うところがあって、物書き仕事に本腰を入れ始め（このあたりの気分は、拙著『恋するラジオ』［ブックマン社］に詳しく書いた）、その後、大病を患ってはいないものの、身体の節々に不調が見え隠れしている。

そして昨年（21年）の11月、満55歳となったタイミングで、勤めていた会社を早期退職した。

比較的自由な空気の会社で、ライターなどの表現活動に規制を感じたことはほとんどなかったが、それでも、宮仕えの身では正直、書きにくいことも多かった。わらじを一足捨てることへの不安も心をよぎったが、それでも、年齢のことを考え、自由に書きたい／話したいという気持ちが上回ったのだ。

本書は退職後、最初の著書となる。

つまり本書は、「自由に書きたい」という思いを、存分に込めた本だ。白状すれば、この本を出すために、ちょっとだけ急いで退職したという面もあったりする。

それほどラディカルなことを書いたつもりはないが、それでも戦後民主主義云々など、これまで私が敬遠してきたテーマについてもひるまずに書いた。普段表に出すことのない、政治や社会、歴史についての個人的考えを書いたところもある。

つまりは、私なりに、切り込むテーマの面積を、ほんの少しだけ広げてみたのだ。桑田佳祐ほどではないにしても。

だって私は、桑田佳祐チルドレンなのだから。

桑田佳祐の10歳年下の「チルドレン」も、「♪命をありがとネ」という言葉がしみる年齢になってしまった。残された時間は短い。いつ大病を患うかも分からない。逡巡している時間はない。自由に書く。自由に話す。

退職後、初の著作ということに加え、諸般の事情で少しばかり難産だったのだが、その分、愛おしい本となった。

自由な人がいつも助けてくれる。『水道橋博士のメルマ旬報』連載の枠をいただいた水道橋博士や、難産に手を差し伸べる、言わば助産師となってくれた新潮新書編集部の金寿煥さんとか。

私自身の自由の源は、まずはもちろん桑田佳祐。そして70～80年代の日本に充満していた戦後民主主義の息吹。さらには、京都大学における60年安保闘争で知り合って結ばれたという、今は亡き両親。自由を心から愛していた父と母に向けて――

――♪命をありがとネ

桑田佳祐、佐野元春、世良公則、Ｃｈａｒ、野口五郎の連名によるプロジェクトが発表された

２０２２年５月22日

スージー鈴木

スージー鈴木　1966（昭和41）年大阪府生まれ。音楽評論家。早稲田大学政治経済学部卒業。著書に『サザンオールスターズ　1978-1985』『恋するラジオ』『EPICソニーとその時代』など。Twitter：@suziegroove

Ⓢ新潮新書

954

桑田佳祐論《くわたけいすけろん》

著　者　スージー鈴木《すずき》

2022年6月20日　発行

発行者　佐　藤　隆　信

発行所　株式会社 新潮社

〒162-8711　東京都新宿区矢来町71番地
編集部（03）3266-5430　読者係（03）3266-5111
https://www.shinchosha.co.jp
装幀　新潮社装幀室

印刷所　株式会社光邦

製本所　加藤製本株式会社

ISBN978-4-10-610954-6　C0273